アウトプットする地理の授業

島根からの提案

展開・資料・板書

山本 悦生

地歴社

［目 次］

まえがき

アウトプット型授業と「対話」の重要性

　本書のメインタイトルを『アウトプットする地理の授業』としたが、これは前著『アウトプットする公民の授業』と授業の目的が同じだと考えているからである。前著に記したように、「アウトプット型の授業とは、数時間単位の単元で構成し、最後に単元で扱ったテーマについて感想をまとめさせ、それを生徒どうしで共有するとともに、生徒の家庭やテーマにかかわる方々に伝え、さらには新聞などのメディアに発信し、生徒と社会との対話を生みだそうとする授業」だから、形式だけを見ると本書のアウトプット型の授業は最後の「地域の在り方」だけである。しかし、授業全体の目的は生徒と社会との対話を生みだすことにあり、私の地理の授業においては、世界や日本の諸地域の学習を経て、最後におこなう展開になったのである。条件が合えば世界や日本の諸地域の学習でアウトプット型の授業を組み込むことも可能である。

　前著でも使用した「対話」という言葉の意味について、以下説明しておきたい。「対話」はアウトプット型の授業を実現するために不可欠な取り組みになると考えているからである。

生徒は教材と「対話」する

　中学校に入学して間もない１年生に、毎年視聴させている映像がある。本文の「4　寒い地域のくらし」の中で紹介しているが、イヌイットたちが猟で仕留めたアザラシをその場で解体し、その肉を生で食べるという内容だ。解体するシーンは生々しく、しかも血が滴るような肉を生で食べる映像は、生徒たちにとってインパクトが大きい。1990年代前半のテレビ番組をVHSのビデオテープで録画したもので、その後DVDに録画し直したものだ。アナログ映像なので画質はよくないが、生徒たちからは「もう１度見たい」と何度もせがまれる。生徒たちはこの映像を通して、イヌイットたちが暮らす環境の厳しさやアザラシの生肉を食べる理由などについて理解する。つまり「対話」する対象の１つは、もちろん教材そのものである。「対話」を深めるためには、こうしたインパクトのあるものや意外性のあるもの、生徒たちの生活と関わるものなどを教材として選択するとよいだろう。

生徒は授業者とも「対話」する

　生徒たちは、こうした教材を提示する授業者とも「対話」している。例えば「31　オセアニアの自然」の中で、普段眺めている地図とは違い、上下が逆になった地図を見せている。以前シドニーで購入したものだが、こうした教材を提示すると、「オーストラリアに行ったことがあるんですか?」、「いつ行ったんですか?」といった声が上がり、「対話」がはじまる。こうした「対話」を成り立たせるためには、やはり教材研究が重要だ。新聞記事や映像といった資料の準備など、教材研究の一端については前著を参照いただければと思う。

　また、普段の授業とは異なり、「59　東日本大震災」では板書することなく、震災の映像と私が撮影した被災地の写真を見せながら1時間ほど「対話」する。現在の生徒たちは、震災発生時に就学前であり、震災の記憶はほとんどない。地震や津波、原発事故といった未曾有の震災だからこそ、生徒たちと「対話」したいのである。

生徒は友だちと「対話」する

　生徒が「対話」する対象として、もう1つ重要なのが友だちである。教材や授業者に向き合う同じ学習者でありながら、自分とは異なる考えをした友だちから学ぶことは多い。「69　なぜ吉賀町は『木質バイオマス発電』を導入しないのか?」では、吉賀町で「木質バイオマス発電」を導入しない理由について、まず個人で付箋紙に記入した後、グループで意見を出し合った。こうしたグループ活動は、少人数であるために意見を出し合うハードルも高くない上、多様な考えにふれる場でもある。また、自分の考えと友だちの考えが異なる場合、友だちの考えにふれることで、自分の考えをふりかえり、さらにレベルアップしたものへと再構築されることも多い。教材や授業者との対話に加え、自分と同じ学習者でありながら、異なる考えをした友だちの存在があること、これこそが教室で学ぶ意味なのだろう。

生徒は自分の内面と「対話」する

　さらに対話の対象として指摘しておきたいのが、自分の内面との対話である。例えば、アザラシを解体してその肉を生で食べるイヌイットたちの映像を教材とする授業では、生徒はイヌイットたちの世界を想像して彼らとだけ「対話」しているのではない。紙幅の関係で記すことはできなかったが、この映像を視聴させた後、生徒たちと以下のような「対話」をしている。

　T　生々しい内容だったけど、みんなも肉を食べるよね。みんなの知らない

ところで、誰かが牛や豚などを解体し、牛肉や豚肉などにしてくれているんだよ。こうした生物以外で、みんなが食べ物や飲み物で口にできるものって何があるの？

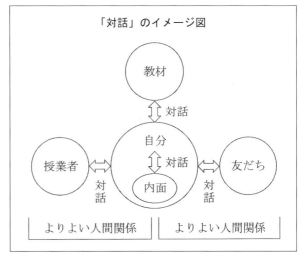

「対話」のイメージ図

教材

自分

授業者 ← 対話 → 自分 ← 対話 → 友だち

対話

内面

よりよい人間関係　　　よりよい人間関係

C　水

T　そう、水があるよね。もう１つあるけど、何だと思う？

C　塩

T　生物以外で口にできるのは、水と塩だけなんだ。みんなの命は、生きとし生けるものの命を殺めたり、植物の成長を断ち切ったりすることで、つながれているんだよね。イヌイットたちは、アザラシの脂肪や皮なども余すことなく利用していた。みんなはどうかな。みんなの命をつなぐために殺めたり、成長を断ち切ったりした生物の存在、粗末に扱っていないかな。

　少し大げさな話だと思われるかもしれないが、こうした授業者との「対話」を通して、生徒たちは命をつなぐことについて、自分の内面と「対話」してくれているはずである。

まず「よりよい人間関係」をつくる

　こうした「対話」は、それぞれの対象と個別的・単線的におこなわれるものではなく、総合的・複線的におこなわれているだろう。教室内での「対話」を紹介してきたが、それを支えているものには何があるのだろうか。やはり、そこには「よりよい人間関係」の醸成が求められるだろう。

　公民編でも述べたが、2017年からNIE（教育に新聞を）の実践指定校として活動している。毎日複数の新聞が届くが、昼休みに教室で生徒たちに囲まれながら新聞をめくるのが日課になっている。新聞をめくっていると生徒たちに話しかけられるのでじっくりと読むことはできないが、そこで他愛もない会話ができたり、生徒どうしの日常的な関係が垣間見えたりする。新聞というアイテ

ムは思わぬはたらきをしているのである。私が密かに「積極的な生徒指導」と認識する、この新聞をめくる昼休みは、生徒との距離を縮める上で大切な時間であり、授業の中での「対話」を深める上でも有効に作用しているはずである。あくまでも一例だが、さまざまな場面で「よりよい人間関係」の醸成に努めたい。

「島根からの提案」

　生徒たちは最後の「地域の在り方」の授業で、以下のような「感想」をアウトプットしてくれた。

　「津和野への見方が変わりました。」「将来津和野から出ていくことになるかなと思っていましたが、この学習を通してなるべく津和野でくらしていきたいと思うようになりました。」「授業を通して、私は少し津和野に残ってもいいかなと思えるようになりました。」「この授業は、人口問題や環境問題などについて、様々な視点から考えさせられ、結構楽しかったです。」

　前著である公民編に続き、地理編も可能な限り島根ネタを取り入れた。公民編でも指摘した通り、アウトプット型の授業は、「教科書を教える」だけでは成り立たない。そもそも学びというのは、グローバルな視点とともに、生徒たちが生活する地域を含めたローカルな視点が重要だからである。そういう意味を含めての「島根からの提案」である。島根でできることは、全国の中学校でもできるはずだ。アレンジも含めて、それぞれの学校や地域の実態に合わせた、深い学びが展開されることを期待している。

　なお本書は、学習指導要領の改訂にあたり、「世界各地の人々の生活と環境」、「世界の諸地域」、「日本の諸地域」、「地域の在り方」に限定した記述になっていることをご了解いただきたい。

0 アウトプットを準備する「対話」

1. 実物資料で対話する

　対話する授業の教材のなかでも特に実物資料のインパクトは大きい。入手した時のエピソードを語るのも生徒にとっては興味深いようだ。

　例えば石炭は、島根県浜田市にある火力発電所、三隅発電所で手に入れたものだ。建物の入り口付近にあった大きな石炭の先端部が割れていたので、スタッフの方に声をかけ、譲っていただいた。そんなエピソードを語ると、「勝手に取ったんじゃないですか?」、「スタッフって女性ですか?」などの反応がある。製鉄業についての説明は、この石炭も提示しながら必要な鉱産資源を問う。近代製鉄は、石炭と鉄鉱石が必要であることをふまえた上で、さらに「たたら製鉄」といった近代以前の製鉄について、以下のような対話も可能だ。

　　T　近代製鉄は、岩手県釜石市や福岡県北九州市などでおこなわれていたけど、それよりも前、つまり江戸時代以前にも製鉄はおこなわれていたんだよ。江戸時代以前に製鉄がさかんだった地域って、現在の都道府県でいうとどこだと思う?

　＊机間を回りながら、すべての生徒に問う。

　　C　〇〇県。△△県。島根県。…。

　　T　正解者がいます。正解は、島根県。

　　C　えー。

　　T　島根県って、「太平洋ベルト」から離れているので、工業のイメージってないかもしれないけど、江戸時代以前には大工業地帯だったんだよ。当時の製鉄って、「たたら製鉄」っていうんだ。現在の島根県では、かつて「たたら製鉄」がさかんにおこなわれていた。映画『もののけ姫』のモデルの1つとも言われているんだ。現在でも日本で唯一「たたら製鉄」がおこなわれているし、島根県の景観の多くは、「『たたら製鉄』が生み出した」と言っても過言ではない。ただ、近代以前に石炭と鉄鉱石はない。それでは、「たたら製鉄」の原料は何かな?

　　C　…。

　　T　この原料は中国山地で産出できるものだよ。石炭の代わりになるものは何かな。元素記号でいうとC、つまり炭素なんだけど、何かな?

　　C　…。

　　T　石炭の代わりは、キャンプで使ったりするものだよ。

　　C　わかった。木炭。

T　正解。それでは、もう一方の鉄鉱石の代わりは何かな？

＊実物教材として、木炭を提示できるとよい。

C　…。

T　元素記号でいうとFe、つまり鉄なんだけど、鉄鉱石以外の鉄って何かな？

C　砂鉄。

T　正解は、これです。砂鉄。

＊実物教材として、砂鉄を提示できるとよい。

　この他にも、幅20cmを超えるような鹿児島の火山噴出物を重たそうに持ちながら生徒に渡すと意外なほどの軽さに驚くし、沖縄の海岸で拾ったサンゴを見せることで琉球石灰岩という沖縄独特の地質も確認できる。

2. 写真資料で対話する

　対話を育む上で、写真資料も重要なツールだ。「世界の諸地域」や「日本の諸地域」の学習の導入で、該当する地域の景観や特産物などの写真資料を提示している。しかし、かつてこうした知識だけを暗記させる地理の授業は、「物産地理」と批判された。もちろんそればかりでは授業は成り立たないが、学習意欲を高める上でも、こうした地域の景観や特産物などの知識は、ある程度必要ではないかと思う。例えば、道後温泉本館の写真資料を見せながら、以下のような対話も可能だ。

T　この都道府県は、どこでしょう？

＊机間を回りながら、すべての生徒に問う。

C　〇〇県。△△県。…。

T　残念。みんな不正解です。

C　先生、2回目。

T　それでは2巡目です。

C　□□県。◇◇県。愛媛県。…。

T　正解者がいます。正解は、愛媛県。それではこの建物、何かわかるかな？

＊写真資料の中の「道後温泉」の文字は隠しておく。

C　…。

T　この建物、どこかで見おぼえないかな。あるアニメで、似たような建物、見たことない？

C　わかった。『千と千尋の神隠し』だ。

T　そうです。千尋が働く油屋<ruby>油<rt>あぶら</rt>屋<rt>や</rt></ruby>のモデルとなったと言われているのが、この建物なんだ。この建物、道後温泉本館なんだけど、道後温泉は日本最古の温泉の１つにも数えられている。近代になると、旧制松山中学、現在の松山東高等学校の英語教師として赴任した人物も、この温泉を楽しんでいるよ。この人物って、誰のこと？

C　…。

T　ヒントは、かつて肖像がお札にもなったよ。

C　夏目漱石。

T　正解。夏目漱石って、この道後温泉も舞台にした、あの小説も有名だね。何という小説？　⇒『坊ちゃん』

　この他、「10　中国の農業」で紹介した中華料理の写真を２つに分類する活動は、さまざまな分類方法や理由を考えられるし、「32　オーストラリアの歴史と産業」で紹介したもともとオーストラリアにいなかった動物を選択する活動は、案外カンガルーやコアラがオーストラリアの固有種であることを知らないので選択理由を聞いているだけでもおもしろい。

3．都道府県旗で対話する

　「日本の諸地域」における各地方の導入にあたっては、写真資料に加え、都道府県旗を提示しながら、どこの都道府県のものかを推測するクイズをおこなっている。都道府県旗には、ひらがなやカタカナ、漢字、アルファベットといった文字に加え、花や県土などを図案化したものが多く、バラエティに富んでいて、見ているだけで楽しくなる。

T　これから中国・四国地方の９枚の県旗を見せるけど、それぞれどこの県旗かわかるかな。９枚のうち、「これはここの県旗だ」と思うものがある？

＊黒板に９枚の県旗を貼りつけ、気づいた生徒に指名する。

C　エンジに黄色のマークがあるのが島根県。

T　みんな、どうかな。そう、正解です。なぜ、これが島根県なの？

C　なんか見たことがある。

T　これが島根県旗である理由、誰かわかる？

C　黄色のマークは「マ」が４つほどあって、これが島根の「シマ」を表している。

T　正解。

C　へえー。

T　他にわかるものない？

C　茶色い旗が、山口県。

T　何で？

C　白いところが、漢字で「山口」ってデザインされている。

C　ホントだ。

T　正解。さあ、どんどんいこう。他には？

C　青に黄色のが、鳥取県。

T　何で？

C　鳥のようなかたちをしているから。

T　なるほど。残念。

C　じゃあ、もう１つの青に白い、鳥のかたちをしているのが鳥取県。

T　正解。さっきの青に黄色の県旗、黄色の部分に何か文字が隠れてない？

C　「とく」だから、徳島県だ。

T　正解。緑に白の県旗も何か文字が隠れていない？

C　「カ」だから、香川県だ。

　こうしたことを学級全体で対話しながら読み取っていく活動は、導入にふさわしいだろう。

4. カードで対話する

　「9　中国の人口」や「11　中国の工業」では、カードを使った中国語のクイズを出題している。你好や謝謝くらいは聞いたことがあっても、似て非なる中国語に、生徒たちは頭をひねる。汽車に自動車という意味があることくらいは腑に落ちるようだが、手紙にトイレットペーパーという意味があることを知ったあたりから教室内はざわつき、愛人にいたっては驚嘆の声を上げる。また、机器猫が『ドラえもん』と結びつく生徒はまずいないので、「机器は中国語で機械を意味するらしいよ」などのヒントを出す。このあたりで気づく生徒がいたら友だちから称賛されるが、わからなければ「アニメだよ」といったヒントをさらに出すことで、猫型ロボットの『ドラえもん』だと理解させる。これが理解できれば、足球小将翼が『キャプテン翼』であることは、多くの生徒がすぐに気づく。

　また、「61　蝦夷地から北海道へ」で紹介している北海道の地名も、まず読める生徒はいない。

T　これからいくつか北海道の地名をカードで見せるけど、読めるかな。これ「稚内」は？

＊カードを示し、机間を回りながら、すべての生徒に問う。

C　ちうち、ちない。…。

T　全員不正解。正解は、ワッカナイです。

C　エー。

T　次はこれ「厚岸」は？

C　あつぎし。あつがん。…。

T　全員不正解。正解は、アッケシです。

C　何でこれでアッケシなん。

T　次はこれ「占冠」は？

C　せんかん、しかん。…。

T　全員不正解。正解はシムカップです。

C　シムカップなんて、絶対読めん。

T　誰か1人くらい、正しく読んでほしいな。次はこれ「弟子屈」は？

C　でしくつ、おこくつ。…。

T　これも全員不正解。正解はテシカガです。

C　テシカガなんて、どうやったら読めるんですか。

T　いよいよラストです。ラストは難しいけど、正解を期待しています。これ「和寒」は？

C　わかん。わさむ。…。

T　正解は、ワッサムです。これも全員不正解でした。

C　こんなの読めるわけありません。

T　北海道には、どうしてこんなに難解な読み方をする地名が多いの？

C　アイヌ語に由来するから。

　正解を知るたびに教室内はザワザワする。こうしたカードを使った活動を導入で取り入れることが多いが、授業のつかみとしてはインパクトが大きい。

5. 意外性で対話する

　生徒たちは、インパクトのあるものや意外性のあるもの、自分の生活と関わるものなどにふれると、考えたくなる。授業者は、そうしたものを可能なところで教材化していきたい。例えば、「46　林業と環境保全」で紹介している北山村について、「なぜこんなところに和歌山県の飛び地があるの？」という問いは、生徒たちが考えたくなるだろう。この問いによって、紀伊山地が林業でさかんな地域であったこと、木材を川に流して運んだこと、和歌山県新宮市（しんぐうし）が木材の集積地だったこと、この新宮市との関係の深さから北山村が和歌山県に

なったことを理解する。さらに観光 筏 下りやじゃばらなどに加え、北山村立
北山中学校の修学旅行先がどこかを問うのもおもしろい。2010年当時、北山中
学校の修学旅行先はイギリスとアイルランドで、しかも2週間の旅程である。
　また、「63　外交の歴史と漁業」の導入では、以下のような対話も可能だ。

　T　2016年の1人あたりの平均所得のランキング、最も高いのは東京都港区
　　　で、トップテンには千代田区や渋谷区など、東京23区のうち、7つの区が
　　　ランクインする。そんな中、4位は北海道にある市町村なんだ。どこだと
　　　思う?
＊机間を回りながら、すべての生徒に問う。
　C　○○市。△△市。…。
　T　残念。みんな不正解です。
　C　先生、2回目。
　T　それでは2巡目です。
　C　□□市。◇◇町。…。
　T　残念。またみんな不正解です。
　C　先生、3回目。
　T　おそらく3巡目でも正解は出ないと思うので、正解を教えます。1人あ
　　　たりの平均所得のランキングの4位は、猿払村です。
　C　猿払村って、聞いたことないな。
　T　猿払村がどこにあるのか、地図帳で調べてみよう。
　T　猿払村は、宗谷岬に近い、道北の村だね。なぜこの猿払村の1人あたり
　　　の平均所得が高いのか、気になるよね。だけど、そのタネ明かしは後にす
　　　るね。

　「なぜ猿払村の1人あたりの平均所得が高いのか?」という問いを設定して
いるが、東京から遠く離れた道北の村の平均所得の高さには意外性がある。し
かも紹介しているように、タネ明かしを最後にすることで、この授業を貫く問
いにすることもできる。

6.グループで対話する

　「69　なぜ吉賀町は『木質バイオマス発電』を導入しないのか?」で紹介し
ているように、吉賀町で「木質バイオマス発電」を導入しない理由について、
友だちとの対話を促した。友だちとの対話を通して、多様な考えにふれたり、
自分の考えをふりかえったりできるからである。この時に有効なのが、付箋紙
の活用である。あらかじめ付箋紙に自分の考えを記入することで、グループで

その考えを示しやすくなるなど、話し合いのハードルが下がるはずである。グループで考えの集約をしてもいいし、KJ法によって付箋紙を分類させてもいい。その後、グループでの考えを学級全体に広げれば、自分のグループにはなかった考えを知ることもできる。

T　吉賀町役場で林業を担当する方に問い合わせたら、吉賀町では現在のところ「バイオマス発電」の計画はないとのことだった。真庭市の林野率が79.2%、吉賀町は91.8%もあるのに、なぜ「バイオマス発電」を導入しないのだろうか。1人5枚ずつ付箋紙を配るので、その理由として考えられることを、まずは個人で付箋紙に記入しよう。

T　だいたい記入できたかな。それではグループになって意見を出し合い、KJ法で付箋紙を分類してみよう。

T　グループで分類できたかな。どんな意見が出てきたか、それぞれ紹介してもらおうか。

C　グループの中では、「費用がかかる」、「林業にたずさわる人が少ない」、「建てる土地がない」、「技術がない」といった意見が出ました。

T　「バイオマス発電」を導入しない理由、たくさん出てきたね。吉賀町役場に問い合わせた時、担当する方から聞いたのは、みんなが指摘したように、やはり高額な建設費用や少ない林業従事者といった課題だった。また、燃料調達の難しさもあるようだ。現在町内の公共施設で使用されるバイオマスボイラやペレットストーブの燃料は、町外から調達しているそうだ。ただ今後、山から木を切り出したり、その木を加工したりする人を増やすために、林業従事者育成事業にも取り組んでいる。また、農業用ハウスでの加温にもバイオマスの活用を考えているみたいだよ。みんなは、この学習でどんなことを感じたかな。感想をまとめてみよう。

また、「4　寒い地域のくらし」の中で「なぜイヌイットは生肉を食べるのか？」や「45　古都と環境保全」の中で「京都大学の『タテカン』は撤去すべきか？」など、問いを工夫すれば、対話によるアウトプット型の授業も可能だ。

1 暑い地域のくらし

1. インドネシア

◎国名クイズです。この国はどこでしょう？ ⇒インドネシア

＊棚田が広がる農村、ビルが建ち並ぶジャカルタ、スカルノ初代大統領などの
　写真の他、国旗を提示しながら考えさせる。

◎インドネシアって、こうした農村もあれば、大都市もあるんだね。スカルノ
　初代大統領は知らないけど、第3夫人の名前を知っている人はいるんじゃな
　いかな。誰だと思う？ ⇒デヴィ夫人

◎インドネシアがどこにあるのか、地図帳で確認しよう。

＊地図帳で地名を探す方法については、それまでの学習で身につけておく。

◎ところで、インドネシアって、どんなイメージがあるの？ ⇒暑いなど

◎暑そうなイメージがあるよね。教科書に月別の降水量と平均気温のグラフが
　あるよね。こういうグラフのことを雨温図というんだけど、棒グラフと折れ
　線グラフは、それぞれ何を表しているの？ ⇒降水量、気温

◎インドネシアの首都ジャカルタと東京の雨温図を比較した時、ジャカルタの
　気候にはどんな特徴があるの？ ⇒降水量が多い、1年中気温が高いなど

◎ジャカルタの月別の平均気温は、1年中ほぼ一定で、東京の8月と変わらな
　い高温だね。つまり1年中、夏ということになる。しかも降水量も多い高温
　多雨だ。なぜこんなに気温が高いの？ ⇒赤道に近い

◎赤道直下に位置していることは、気候に大きく影響しているよね。世界の気
　候は、その緯度に応じて、5つの気候の帯、つまり気候帯に分類されるけど、
　インドネシアをはじめとする赤道直下の地域の気候帯を何というの？ ⇒熱帯

2. インドネシアの衣食住

◎これからしばらく、こうした気候など、さまざまな環境の中でくらす人々の
　ようすを学んでいくんだけど、どんなことを調べたら、環境や人々のくらし
　がより理解できるかな？ ⇒衣食住

◎どんな環境の中でも、人々は衣服を着て、食べ物を食べ、家に住んでいるよ
　ね。こうしたことを調べることで、より理解が深まるかもしれないね。それ
　ではインドネシアの衣食住について、教科書や資料集を使って調べてみよう。
　ワークシートを配るので、調べたことを、どんどん書き込んでいこう。

＊個人での作業が難しい場合、グループで調べさせてもよい。ワークシートは、
　「高山地域のくらし」まで、同様のものを準備する。

インドネシアの衣食住	
衣	Q. どんな服を着ているの？
食	Q. どんな食べ物を食べているの？（どんな食材？）
住	Q. どんな建物に住んでいるの？（どんな建材？）

⊙だいたい調べ終わったかな。みんなが調べた内容について、確認していくね。熱帯には、1年中緑の葉が茂る林が広がっているよね。この林を何というの？ ⇒熱帯林（ジャングル）

⊙1日の天気も変わりやすく、強烈な雨が降ることがあるけど、こうした雨を何というの？ ⇒スコール

⊙そんな自然環境にあるインドネシアの衣食住だね。どんな衣服を着ているの？ ⇒風通しのいい服

⊙主食としてどんなものを食べているの？ ⇒キャッサバやタロイモなどの芋類や米

⊙キャッサバやタロイモってなじみがないかもしれないね。でもキャッサバの加工品は、案外知っているんじゃないかな。2018年頃からブームになってきているんだけど、何だと思う？
⇒タピオカ

⊙もちもちの食感で、コンビニもブームをけん引しているね。ただ、コンビニではこんにゃくを使っているものが多いみたい。キャッサバから作ったタピオカは、水に溶けやすく、保存が難しいんだね。

⊙どんな家に住んでいるの？ なぜ家を高床にする必要があるの？ ⇒高床の家、熱や湿気を逃すため

```
┌─ インドネシア ──────┐
│ 1年中、高温多湿(熱帯)    │
│  → 熱帯林(ジャングル)が広がる │
│   ＊スコールが降る       │
│       ⇓            │
│ ┌─ 衣 食 住 ───────┐ │
│ │ ・風通しのいい服      │ │
│ │ ・イモや米が主食      │ │
│ │ ・高床の住居        │ │
│ │  → 熱や湿気を逃すため   │ │
│ └─────────────┘ │
└──────────────────┘
```

2 乾燥した地域のくらし

1. アラビア半島

◎突然だけど、ジッダという都市がどこにあるのか、地図帳で探してみよう。何という半島にあるの？ ⇒アラビア半島

◎月別の降水量と平均気温のグラフを何というの？ ⇒雨温図

◎ジッダの雨温図が教科書にあるので、確認してみよう。一目瞭然だと思うんだけど、この雨温図の特徴はどんなところ？ ⇒雨がほとんど降らない

◎雨が降らず、植物がほとんど育たない気候帯のことを何というの？ ⇒乾燥帯

◎こうした乾燥帯では、何が広がるの？ ⇒砂漠

◎砂漠って、どんなイメージがある？ ⇒砂地が広がっているなど

◎読んで字のごとく、砂地が広がっているイメージがあるかもしれないけど、地球上の砂漠の約90%は岩石や礫（れき）といわれる小さな石で形成されているんだ。砂漠には年間降水量250mm以下といった定義もあって、例えば鳥取市の年間降水量は、平年値で2,184mmもあるので、鳥取の場合はやはり砂漠ではなく、砂丘だ。

◎砂漠の中でも水を得やすい場所もあるよね。こうした場所のことを何というの？ ⇒オアシス

◎水が得やすい場所があるということは、栽培も可能だね。どんなものを栽培しているの？ ⇒なつめやし、小麦など

◎小麦は西アジア周辺が原産地と考えられているんだ。乾燥した地域で栽培が可能なんだね。

2. アラビア半島の衣食住

◎それではアラビア半島の衣食住について調べてみよう。インドネシアの時と同じように、ワークシートにどんどん書き込んでいこう。

◎調べた内容について、確認していくね。どんな衣服を着ていたの？ ⇒たけの長い服

◎乾燥して、しかも暑い地域なのに、なぜたけの長い服を着るの？ ⇒日差しや砂ぼこりから身を守るため

◎どんな食べ物を食べているの？原料は何？ ⇒パン、小麦

◎小麦の栽培ができるので、パンを主食としているんだね。パンには、どんな動物の肉が添えられているの？ ⇒ラクダ、羊

⊙ラクダや羊を飼育しながら、草や水を求めて移動する牧畜がおこなわれているんだけど、こういう牧畜のことを何というの？ ⇒遊牧

⊙なつめやしも栽培していたよね。栽培して、どの部分を食べるの？ ⇒果実

⊙果実を生で食べたり、お菓子やジャムの原料にしたりするそうだよ。なつめやしの果実、食べたことある？ ⇒あるorない

⊙食べたことないって人がほとんどだったけど、実は多くの人が食べたことがあるんだ。この果実のことをデーツともいうんだけど、お好み焼きを食べたことある人だったら、きっと食べていると思うよ。お好みソースの中に入っているんだ。甘みだけではなく栄養価も豊富なデーツは、お好みソースの原材料として欠かせないそうだよ。

⊙どんな家に住んでいるの？ なぜレンガではなく、日干しレンガなの？ ⇒日干しレンガ、降水量が少ないので焼き固める必要がない

オタフクとデーツの出逢い

　オタフクソースとデーツの出逢いは1975年。コク深い甘みをもつ果実としてお好みソースの原料として使い始めました。さらに、デーツの持つ栄養価にも着目し、以来40年以上にわたり、お好みソースの原料として大切に使い続けてきました。今ではソースのみならず、酢の原料としても使用しています。厳選したデーツの一部は、手間ひまかけて自社でペースト状に加工もしています。また、実のままでその良さを味わっていただけるよう、デーツも販売しています。

　オタフクにとって、デーツは欠かせない大切な果実。今後もデーツにこだわり、商品づくりを続けてまいります。　　　　　　　　　（オタフクソースHPより）

名　　称	濃厚ソース
原材料名	野菜・果実（トマト、デーツ、たまねぎ、その他）、糖類（ぶどう糖果糖液糖（国内製造）、砂糖）、醸造酢、アミノ酸液、食塩、酒精、醤油、香辛料、オイスターエキス、肉エキス、酵母エキス、昆布、蛋白加水分解物、しいたけ／増粘剤（加工でんぷん、増粘多糖類）、調味料（アミノ酸等）、カラメル色素、（一部に小麦・大豆・鶏肉・豚肉・もも・りんごを含む）
内容量	500グラム
賞味期限	枠外上部に記載
保存方法	直射日光を避けて保存してください。
製造者	オタフクソース株式会社 広島市西区商工センター7丁目4-27

※当製品に使用しているカラメル色素はカラメルⅠ類です。

―― アラビア半島 ――

雨が少なく植物が育たない（乾燥帯）

→砂漠の中のオアシス

＊なつめやしや小麦の栽培

⇓

―― 衣食住 ――
・たけの長い服
　→日差しや砂ぼこりから守る
・パンが主食
・ラクダやヒツジの肉（遊牧）
・日干しレンガの家

3 温暖な地域のくらし

1. スペイン

⊙今日はオレンジを持ってきたんだけど、オレンジの中で
　も一般的によく知られているこのオレンジの名前、何と
　いうか知ってる？ ⇒バレンシアオレンジ

⊙バレンシアって地名なんだけど、どこにあるのか、地図
　帳で確認しよう。

⊙スペインにある州や州都の名前なんだよね。ただ、このバレンシアオレンジ、
　原産地はアメリカ、カリフォルニア州なんだそうだ。なぜバレンシアオレン
　ジと名付けられたのか定かではないけど、バレンシアで栽培されていたオレ
　ンジに似ていたからという話もあるそうだ。

⊙ところでスペインといえば、18歳になったばかりのサッカー日本代表の選手
　がスペイン1部リーグに移籍したんだけど、この選手は誰？ 移籍したクラ
　ブの名前は何？ ⇒久保建英さん、レアル・マドリード

⊙18歳になったばかりの久保さんは、日本代表として初出場を果たした。史上
　2番目の若さなんだそうだ。その5日後、FC東京に所属していた久保さんは、
　レアル・マドリードへ移籍することが発表された。

2. スペインの衣食住

⊙そんなスペインの衣食住について調べてみよう。いつものようにワークシー
　トに書き込んでみよう。

⊙調べた内容について確認する前に、雨温図を確認してみよう。バルセロナと
　東京の雨温図を比較して、どんなことに気がつくの？ ⇒月別の平均気温が
　よく似ている、降水量が少ないなど

⊙日本と同じように四季の変化があり、暑さや寒さも極端ではない。一般的に
　過ごしやすい、こうした気候帯を何というの？ ⇒温帯

⊙ヨーロッパの大部分は温帯が広がるんだけど、指摘があったように日本のよ
　うに降水量は多くない。バルセロナの年間降水量は500mm程度で、東京の3
　分の1ほどだ。ヨーロッパの南部は温帯の中でも乾燥した気候の特徴がある。
　こうした気候のことを何というの？ ⇒地中海性気候

⊙バルセロナの雨温図を見ると、特に乾燥している季節はいつ？ ⇒夏

⊙地中海性気候は、夏に乾燥し、冬は適度に降水量があるという特徴があるん
　だ。これに対し、東京は同じ温帯でも降水量が多いよね。こういう気候のこ

とを何というの？ ⇒温暖湿潤気候

⊙ところで、教科書にもある通り、スペインにはうらやましい習慣があるよね。長い昼の休憩で、食事の後、昼寝をするなど、リラックスできるんだ。この休憩のことを何というの？ ⇒シエスタ

⊙ただこのシエスタ、2006年には公務員で廃止され、近年では民間でも廃止する動きがあるみたいだ。

⊙それでは、そんなスペインの衣食住だね。どんな衣服を着ているの？ ⇒夏は半袖などの薄着で冬はコートなどの厚着など

⊙日本と同じ温帯なので、衣服に大差はないよね。

⊙どんな食べ物を食べているの？ ⇒パエリアなど

⊙スペインは乾燥しているので小麦を使った料理もあるけど、魚介類や野菜などを炒め、さらに米を加えて炊いたパエリアも有名だよね。その起源は、スペインに稲作を伝えたアラブ人に由来するらしいよ。果実の栽培もさかんで、よく食べるみたいだね。どんな果実を栽培しているの？ ⇒オリーブ、ぶどう、オレンジなど

⊙地中海性気候のような乾燥した気候の中でも栽培ができるのが、こうした果実なんだね。パエリアで魚介類や野菜などを炒める時に欠かせないのがオリーブオイルだよね。

⊙どんな家に住んでいるの？ なぜ白い壁なの？ ⇒白い壁の家、強い日差しをはね返すため

── スペイン ──

温帯（地中海性気候）
　→ 夏に乾燥し、冬に降水量がある
　＊シエスタという昼休憩
　　　　　⇓
　── 衣食住 ──
　・オリーブ、ブドウ、オレンジ
　　→ 乾燥に強い果実
　・白い壁の家
　　→ 強い日差しをはね返す

4 寒い地域のくらし

1. シベリア

⊙世界で最も寒い場所ってどこだと思う？ ⇒南極

⊙1960年、南極にあった旧ソ連の観測基地で最低気温を記録したそうだよ。何度だと思う？ ⇒−88.3℃

⊙−88.3℃って、想像できないよね。それでは、北半球で最も寒い場所はどこかというと、オイミャコンという村だ。オイミャコンという「世界一寒い村」がどこにあるのか、まずは地図帳で探してみよう。

⊙シベリアにある村だね。この村、1964年に−71.2℃を記録したそうだよ。夏には30℃まで気温が上がるそうなので、年間の寒暖の差は100℃にもなる。冬に外を出歩くと、前髪やまつげ、鼻水まで凍りつくそうだ。トイレも屋外にあって、穴が掘ってあるだけ。すぐに凍りつくので、臭いはない。心配なことは、冬の暖房にかかる費用だ。一般家庭で、ひと冬どのくらいの出費になると思う？ ⇒約10万円

2. シベリアの衣食住

⊙そんなシベリアの衣食住について調べてみよう。いつものようにワークシートに書き込んでみよう。

⊙まずは雨温図を確認してみよう。ヤクーツクと東京の雨温図を比較して、どんなことに気がつくの？ ⇒冬の平均気温が極端に低い、降水量が少ないなど

⊙ロシアやカナダなど、北半球の高緯度地域にしか見られない気候帯を何というの？ ⇒亜寒帯（冷帯）

⊙北極や南極の周辺は、一年中雪や氷に覆われているけど、この気候帯を何というの？ ⇒寒帯

⊙話をシベリアに戻すよ。シベリアは、あまりの寒さゆえに、地下の土壌が凍っているんだけど、こういう土壌を何というの？ ⇒永久凍土

⊙近年、こうした永久凍土が溶けてしまうことがあるみたいだよ。なぜ溶けてしまうの？ ⇒地球温暖化

⊙永久凍土が溶けてしまうと、その中から何かが出てくるそうなんだけど、何が出てくると思う？ ⇒マンモス、ホラアナライオンなど

⊙絶滅したマンモスやホラアナライオンなどの発見が相次いでいる。氷漬けの状態で発見されることも多くて、保存状態も良好だそうだ。マンモスをクローン技術でよみがえらせる計画もあるんだ。

⊙シベリアには、針葉樹林が広がっているんだけど、この針葉樹林を何というの？ ⇒タイガ

⊙それでは、そんなシベリアの衣食住だね。どんな衣服を着ているの？ ⇒毛皮のコートなど

⊙どんな食べ物を食べているの？ ⇒パン、ピクルスなど

⊙主食にパンを食べるということは、小麦や寒冷地に適したライ麦なんかも栽培が可能だということだね。なぜ野菜をピクルスにするの？ ⇒冬の保存食

⊙どんな家に住んでいるの？ なぜ家を高床にする必要があるの？ ⇒高床の家、床からの熱で永久凍土が溶けるのを防ぐため

3.イヌイットの食

⊙最後に北アメリカの北極圏にくらすイヌイットたちの食について紹介するね。イヌイットは猟で仕留めたアザラシを解体し、その肉を生で食べる。なぜ生肉を食べるの？ ⇒ビタミンなどを摂取するため

⊙私たちは野菜や果物などからビタミンを摂取するけど、北極圏にくらす人たちは農業できる環境にはないよね。

＊授業の中では、アザラシの解体から生肉を食べるイヌイットの姿を映像で視聴している。生徒たちにとってはインパクトが大きいようだ。可能であれば、そういう環境を整えたい。

北半球で最も寒い－71.2℃を記録

村

シベリア
雪や氷におおわれる冬（亜寒帯、寒帯）
　→永久凍土やタイガ（針葉樹林）
　　　　　⇓
　　　　衣食住
　・毛皮のコートなどの防寒着
　・パンが主食
　　→野菜のつけ物（保存食）
　・高床の住居
　　→永久凍土がとけるのを防ぐため

5 高山地域のくらし

1.アンデス山脈

◎これまで気候を中心に、さまざまな自然環境の中でくらす人々のようすについて学んできたね。気候帯が5つほどあったけど、どんな気候帯があったの？ ⇒熱帯、乾燥帯、温帯、亜寒帯（冷帯）、寒帯

◎実は地球上には、この5つの気候帯にあてはまらない地域でくらしている人々もいるんだ。この時間は、そんな地域でくらしている人々のようすについて学んでいくことにしよう。

◎これから馴染みの農産物の写真をいくつか見せるけど、共通点は何だと思う？ ⇒アンデス山脈が原産地

＊トマト、じゃがいも、とうもろこしの花の写真をまずは提示しながらそれぞれの農産物が何かを考えさせてもよい。最後に実物を提示するのも面白い。

◎これらの農産物は、すべてアンデス山脈が原産地なんだ。アンデス山脈がどこにあるのか、地図帳で確認しよう。アンデス山脈が確認できたら、ボリビアの首都も確認しよう。ボリビアの首都ってどこ？ ⇒ラパス

◎ワークシートを配るので、地図の中にアンデス山脈とラパスを書き加えよう。

◎アンデス山脈って、最高峰のアコンカグアが標高6,960m、標高4,000mを越えるような高山にくらしている人々も多い。標高4,000mというと、富士山の山頂よりも高いよね。これだけ標高が高いと、1日の寒暖差が激しく、夜は0℃くらいまで冷え込むんだ。先ほどのラパス、すり鉢状になった都市なんだけど、高額所得者と低額所得者、どちらがすり鉢状の底に住んでいると思う？ ⇒高額所得者

◎日本では「山の手」と「下町」という言い方があり、どちらかというと「山の手」に高額所得者が住んでいるイメージだけど、ラパスは逆なんだ。なぜだと思う？ ⇒標高が高くなれば空気が薄くなるから

2.アンデス山脈の衣食住

◎そんなアンデス山脈の衣食住について調べてみよう。ワークシートに書き込むのもこれが最後だよ。

◎それではアンデス山脈の衣食住について、確認していくよ。どんな衣服を着ているの？ ⇒ポンチョ

◎ポンチョって、どんな衣服なの？ ⇒貫頭衣

◎四角い布地の真ん中に穴が開いていて、そこに首を通して着用するんだね。

寒暖の差が激しい気候なので、着脱が簡単なポンチョが好まれたかもしれないね。こうしたポンチョって毛織物でできているんだけど、何という動物の毛でできているの？　⇒リャマやアルパカなど

⊙リャマやアルパカなどを飼育する牧畜のことを何というの？　⇒放牧

⊙どんな食べ物を食べているの？　⇒じゃがいもやとうもろこしなど

⊙じゃがいもやとうもろこしが主食なんだね。特にじゃがいもは標高4,500mを越えるような場所でも栽培が可能だ。これを可能にしているのが、ビクーニャという動物で、このフンを栄養として野生のじゃがいもが育つ。ただ、野生のじゃがいもは、人間にとって有害な毒素が含まれているため、そのままでは食べることができない。食べられるようにするため、1日の寒暖の差が激しいという気候の特徴を利用している。寒暖の差を利用してじゃがいもに水分を含ませ、それを足で踏みつければ、水分と同時に毒素も抜けて、食べられるじゃがいもになるそうだ。

⊙どんな家に住んでいるの？　⇒石や日干しレンガの家

⊙みんなが住んでいる家の柱や梁は何でできているの？　⇒木材や鉄筋

⊙伝統的には木材で家はできていると思うんだけど、アンデス山脈ではなぜ木材で家を建てないの？　⇒標高が高くて森林限界があるから

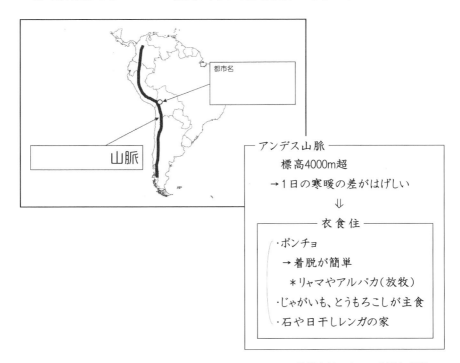

6 宗教とくらし

1. 世界三大宗教

⊙今年の正月、どんなところに初詣に行ったの？ ⇒太鼓谷稲成神社、出雲大社、防府天満宮など

⊙神社に行く人が多いみたいだね。神社って、何という宗教の施設なの？ ⇒神道

⊙葬式や法事があった時、お寺からお坊さんを呼んでお経をあげてもらうよね。自分の家や祖父母の家に仏壇があるケースもあると思うんだけど、お寺やお坊さん、仏壇に関わるのは、何という宗教なの？ ⇒仏教

⊙クリスマスにケーキを食べる人も多いと思うけど、誰かの誕生を祝っているんだよね。誰の誕生を祝っているの？ ⇒イエス・キリスト

⊙祝っている意識もなく、ケーキを食べている人がほとんどだと思うけど、イエス・キリストってことは、キリスト教に関わっているよね。日本人の多くは、神道や仏教、キリスト教に関わる行事を、それぞれ取り入れて、くらしている。そのあたりが外国人からすると不思議がられているんだ。

⊙ところで、世界三大宗教に数えられるのは、何という宗教なの？ ⇒キリスト教、イスラム教、仏教

⊙キリスト教は、どんな地域に信仰が広がっているの？ ⇒ヨーロッパ、北アメリカ、南アメリカなど

⊙イスラム教は、どんな地域に信仰が広がっているの？ ⇒西アジア、北アフリカなど

⊙仏教は、どんな地域に信仰が広がっているの？ ⇒日本、中国、タイなど

⊙信者数で見ると、仏教徒の約2倍の信者がいる宗教があるんだけど、何という宗教なの？ なぜヒンドゥー教は、世界三大宗教に数えられないの？ ⇒ヒンドゥー教、インドの民族宗教で他地域に広がりがないから

2. イスラム教

⊙世界三大宗教の中で、多くの日本人にとって馴染みがないのは、何という宗教なの？ ⇒イスラム教

⊙イスラム教について確認しておくね。イスラム教徒が崇拝しているのは唯一の神なんだけど、この神のことを何というの？ ⇒アラー

⊙神道にも神がいるけど、どんな神がいるか知ってる？ ⇒オオクニヌシ、スサノオなど

⊙神道では徳川家康や明治天皇などの実在した人物も神として祀られているし、富士山のような自然そのものを神と見立てることもある。八百万(やおよろず)の神なんだよね。これに対し、イスラム教ではアラーが唯一神なんだよ。

⊙イスラム教徒には、さまざまな制約や義務が課されるよ。イスラム教徒が食べてはいけないものって何? 飲んではいけないものって何? ⇒豚肉、アルコール

⊙女性たちはプライベート以外のところで、頭髪を布で覆っているんだけど、この布のことを何というの? ⇒ベール(ヘジャブ)

⊙イスラム暦の9月には断食するんだけど、この断食を何というの? ⇒ラマダン

⊙1か月も断食したら死んじゃうよね。イスラム教徒の人たち、この1か月をどうやってしのいでいるの? ⇒夜明けから日没まで飲食を断つ

⊙2013年、大相撲ではエジプト出身の大砂嵐(だいすなあらし)が新十両に昇進した。新十両となった名古屋場所はラマダンとも重なってたいへんだったみたいだけど、10勝5敗と勝ち越した。

⊙1日5回の礼拝も義務づけられているけど、どこに向かって礼拝するの? ⇒メッカ

⊙聖地メッカってどこにあるか、調べてみよう。何という国にあるの? ⇒サウジアラビア

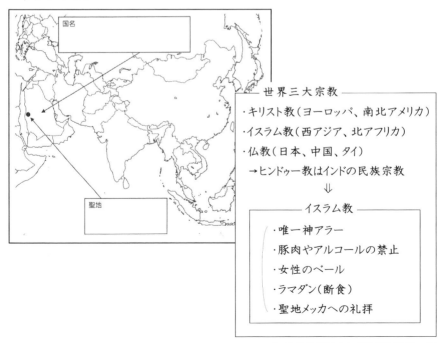

国名

聖地

――世界三大宗教――
・キリスト教(ヨーロッパ、南北アメリカ)
・イスラム教(西アジア、北アフリカ)
・仏教(日本、中国、タイ)
→ヒンドゥー教はインドの民族宗教
⇓
――イスラム教――
・唯一神アラー
・豚肉やアルコールの禁止
・女性のベール
・ラマダン(断食)
・聖地メッカへの礼拝

7 環境とくらし

1.自然環境

◎さまざまな自然環境の中でのくらしについて、これまで学んできたよね。少し復習してみよう。

◎アンデス山脈では、どんな衣服を着ていたの？ ⇒ポンチョ

◎アンデス山脈のような高山地域では、寒暖の差が激しい気候なので、着脱が簡単なポンチョが好まれたかもしれないね。

◎生肉を食べる人たちもいたよね。何という民族だったの？ なぜ生肉を食べるの？ ⇒イヌイット、ビタミンなどを摂取するため

◎乾燥帯にくらす人たちは、どんな家に住んでいたの？ なぜレンガではなく、日干しレンガなの？ ⇒日干しレンガ、降水量が少ないので焼き固める必要がない

2.社会環境

◎環境って、そういう自然環境だけではないんだよね。この時間は、こうした自然環境とは異なる環境の中でのくらしについて学んでいくことにしよう。みんなはマクドナルドのハンバーガーって、よく食べるかな。このマクドナルド、アメリカに本社があって、現在世界中に展開している、世界最大のファストフードチェーンだ。日本には1971年に進出し、2019年現在、約2,900店舗で展開しているそうだよ。実はマクドナルドがインドに進出する時、大きな話題になったんだけど、なぜだかわかる？ ⇒ヒンドゥー教徒は牛肉を食べない

◎ハンバーガーの肉の部分をパテというんだけど、マクドナルドは「100%BEEF」、つまりすべて牛肉なんだ。ただ、インドの民族宗教であるヒンドゥー教では、崇拝の対象としている牛の肉を食べない。インドでタブー視されている牛肉を使ったマクドナルド、経営は成り立つのかな。実はこうした事情もあって、インドのマクドナルドでは牛肉を使用していない。定番となっているのがマハラジャマックだ。マハラジャというのは、インドでは豪族とか、大王といった意味なんだけど、パテはチキンなんだ。ヒンドゥー教徒が牛肉を食べないように、宗教などによってもくらしがかたちづくられる。こうした環境のことを、自然環境に対して、社会環境というんだよ。

◎社会環境については、もう1つ、ハラールについても確認しておくね。ハラールというのは、アラビア語で「許された」とか、「合法」という意味で、

イスラム教の戒律に従っていることを意味するんだ。イスラム教徒には、食べたり飲んだりしてはいけないものがあったけど、何だったか覚えてる？
⇒豚肉、アルコール

⊙イスラム教徒たちは、豚肉を食べたり、アルコールを飲んだりしてはいけなかったね。こうした豚肉やアルコールを扱っていないことがハラールなんだけど、ハラールはそれだけではない。例えば豚肉以外の肉類であっても、加工段階でお祈りを捧げたものでなければならないし、禁止されているものと食器や調理器具なども一緒にしてはいけない。飲食に携わる人たちの中には、こうしたハラールであることを認証してもらう動きが活発になっているんだけど、なぜだと思う？ ⇒イスラム教徒の市場規模に魅力があるから

お菓子のパッケージに記載されたハラールロゴ

⊙イスラム教徒の飲食の年間市場規模は115兆円で、中国の89兆円やアメリカの77兆円をはるかに上回る。しかも、世界のイスラム教徒の人口も増加傾向にあるため、この市場規模はさらに拡大する。つまりイスラム教徒の市場規模をターゲットにするため、ハラール認証をめざす人たちが増えているんだね。

飲食料品の年間市場規模

イスラム教徒	115兆円
中国	89兆円
アメリカ	77兆円
日本	51兆円
インド	39兆円
ロシア	30兆円

トムソン・ロイターの調査による

```
―― さまざまな環境 ――
 自然環境
    →ポンチョ、生肉、日干しレンガなど
              ⇓
    ―― 社会環境 ――
  マハラジャマック(インド)
  →チキンを使用
  ＊ヒンドゥー教徒は牛肉を食べない
              ⇓
          ハラール
  →イスラム教で許さ
    れた食品など
```

8 アジアの自然と人口

1. 自然

◎この時間から世界のようすについて、もう少し詳しく学んでいくことにする
　ね。まずは復習しよう。世界には、いくつ州があったの？ ⇒6つ

◎6つの州って、何州があったの？ ⇒アジア州、ヨーロッパ州、アフリカ州、
　北アメリカ州、南アメリカ州、オセアニア州

◎これから、このすべての州について学んでいくけど、まずはアジア州からだ
　よ。最初なので、アジア州の地形について調べよう。

＊1. 黄河、2. 長江、3. インドシナ半島、4. トンレサップ湖、5. ヒマラヤ山脈、
　6. ガンジス川、7. デカン高原、8. インダス川、9. ペルシア湾、10. アラビア半島

＊写真などを提示し、以下のように生徒たちと対話しながら、地形について確
　認していく。

1　写真を見ると、茶色く濁っていることがわかるよね。この色から黄河っていう
　　んだけど、川には黄土高原の黄砂が混じっているんだよ。黄砂って、春先に飛ん
　　でくるよね。黄河については、歴史の時間にまた学ぶので、覚えておいてね。
5　ヒマラヤ山脈にある世界でいちばん高い山がエベレストだね。標高は8,848m
　　だ。日本でいちばん高い山が富士山で、標高3,776mだね。ヒマラヤ山脈って、
　　富士山や以前学んだアンデス山脈よりもはるかに高い山脈なんだね。
6　ガンジス川は、ヒンドゥー教徒たちにとって、聖なる川なんだよ。人々はこの
　　川で沐浴し、死者を火葬した灰なども流すそうだ。ただ大腸菌などが多く、水質
　　が汚濁していることが報道されていたよ。

◎教科書の資料によると、世界の陸地面積のうち、アジア州って何％を占めて
　いるの？ ⇒23.9％

◎6つの州のうち、アジア州が最大の陸地面積なんだね。こんなに広いアジア
　州なんだけど、この地域の気候に大きな影響を与える風を何というの？ ⇒
　季節風（モンスーン）

◎先ほど調べた地形の中に、トンレサップ湖というのがあったよね。教科書の
　中にトンレサップ湖の写真が2枚ほどあるんだけど、3月と9月のトンレサ
　ップ湖のようすはまったく違うよね。9月は水をたたえているのに、3月は
　干からびている。9月と3月の季節をそれぞれ何というの？ ⇒雨季と乾季

◎なぜ雨の降る季節と降らない季節があるのかな。地図帳の中にアジア州の気
　温と降水量を地図上で示した資料があるけど、どんなことがわかるの？ ⇒

風向きによって降水量が違う

⊙ トンレサップ湖周辺、海からの湿った風が吹く雨季には降水量が多く、内陸からの乾いた風が吹く乾季には降水量が少ないことがわかるよね。季節風というのは、季節によって風向きが変わり、アジア州の気候にこういう影響を与えるんだよ。

2.人口

⊙ 最後に人口についても確認しておくね。アジア州の人口は何%なの？ ⇒59.8%

⊙ 世界の人口の6割がアジア州に集中しているってことだよね。小学生の頃に1km²あたり、つまり1km×1kmの面積の中に、人口がいくらいるのかというデータについて学んだことあるかな。このデータのことを何というの？ ⇒人口密度

⊙ 教科書の資料を見ると、アジア州の中で人口密度が高い地域はどこなの？
⇒日本、中国、インドなど

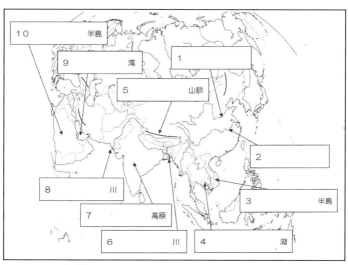

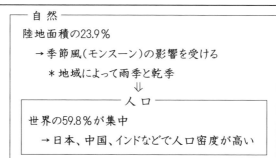

自然
陸地面積の23.9%
　→ 季節風(モンスーン)の影響を受ける
　　＊地域によって雨季と乾季
　　　⇓
人口
世界の59.8%が集中
　→ 日本、中国、インドなどで人口密度が高い

9 中国の人口

1. 多民族国家

◎アジア州の学習、まずは中国について3時間かけて学んでいくことにするね。この時間は、中国の人口について学習していこう。中国の民族のうち、多くは何という民族なの？ 漢民族は何％を占めるの？ ⇒漢民族、91.5％（2010年）

◎中国の人口の9割以上が漢民族なんだね。漢民族ってはじめて聞いたかも知れないけど、みんなも漢民族の文字を使っているよね。何という文字なの？ ⇒漢字

◎漢字つながりで、少し中国語を学んでみようかな。いくつか中国語を見せるけど、どういう意味かわかるかな。

＊你好や謝謝といった、よく知られた中国語の他に、汽車や湯など、日本語とは意味の異なる中国語について、カードにして提示する。

◎日本語と同じような意味の中国語もあるけど、まったく意味の違う中国語もあっておもしろいよね。また中国語について学ぶことにしよう。

◎ところで、2008年の夏季オリンピックって、どこで開催されたか知ってる？ ⇒北京

◎オリンピックの開幕前には、聖火リレーが実施されるのは知ってるよね。北京オリンピックでも、ギリシャで採火された聖火が、中国の国内外でリレーされたんだ。ところが、この時の聖火リレー、世界中で大混乱だった。日本では長野で聖火リレーがあったんだけど、コースに飛び出したり、走者にモノを投げつけたりするなどの妨害行為が相次ぎ、6人が威力業務妨害の容疑などで逮捕された。聖火リレーの直前、チベット自治区でチベット独立を求めるデモをきっかけに暴動が発生した。中国政府は、この暴動を鎮圧したんだけど、それを非難する人たちも多くいた。少数派のチベット族やその支持者たちは「Free Tibet（チベットに自由を）」と抗議の声を上げ、中国政府を支持する人たちは「One China（1つの中国）」と叫んで、聖火リレーは騒然とした。チベット族を含め、中国には少数民族もたくさんいるよね。どんな民族がいるのかな？ ⇒ウイグル族、満州族など

◎中国は、漢民族以外の残り8.5％が50以上の少数民族で構成されている多民族国家なんだ。

2. 人口の急増

◎中国の人口って、1955年には何人いたの？ 2017年は？ ⇒約6億人、約14億人

⊙この60年あまりで、人口は２倍以上になったんだね。世界人口が70億人あまりだから、約20％が中国人ということになるね。中国政府は、こうした人口の急増を抑えるために、どんな政策を実施してきたの？　違反したらどうなるの？　⇒一人っ子政策、各種手当ての停止など

⊙違反したら各種手当ての停止など、一人っ子の時に得られる恩恵がなくなるそうだ。2013年、中国の有名な映画監督に３人の子どもがいることが発覚した。この時748万元、日本円に換算すると約１億3,000万円にもなる多額の罰金が科せられた。こうしたことを恐れて、中国には無戸籍の子どもたちも多いんだ。みんなは学校に通うことができているけど、これはみんなが戸籍に登録されているからなんだ。戸籍に登録されていなければ、こうした公共サービスは基本的に受けられない。その後、2016年に一人っ子政策は廃止された。なぜ廃止されたのかな？　⇒急速に進展する少子高齢化

⊙１組の夫婦に１人しか子どもが生まれなければ、当然少子化は加速するよね。さらに急速なペースで高齢化が進展し、労働人口も減少しはじめているのが中国の現状だ。

中国国旗

チベット旗

似て非なる中国語

你好⇒こんにちは

謝謝⇒ありがとう

汽車⇒自動車

湯⇒スープ

手紙⇒トイレットペーパー

愛人⇒妻や夫、恋人

人口問題

漢民族が91.5％（2010）

→残りは50以上の少数民族

＊多民族国家

⇓

人口の急増

約6億人（1955）から約14億人（2017）へ

→世界人口の20％が中国人

⇓

一人っ子政策

→急速な少子高齢化のため

廃止

10 中国の農業

1. 中華料理

◉これ何だかわかるかな。すべて中華料理だよ。

＊ギョーザ、チャーハン、中華まん、八宝菜、北京ダックの写真を、料理名を
　伏せて提示する。特に北京ダックは、できるだけ薄餅（バオビン）という小
　麦粉でできた皮が写ってない写真を選んだ方がよい。

◉この５つの料理について、２つにグループ分けしてみよう。

＊生徒を指名しながら、写真を黒板上で２つのグループに分類し、そのように
　分類した理由について説明させる。もちろんどんな分類の仕方でもかまわな
　いので、自由に発言を促す。

◉先生だったら、こんな感じで分類するかな。このように分類した理由につい
　て、わかる人いるかな。

＊ギョーザ、中華まん、北京ダックのグループとチャーハン、八宝菜のグルー
　プに分類する。

◉広大な中国なので、中華料理といっても地域によって、それぞれ特徴がある
　んだよ。特に有名なのが四大中華料理だ。プリントの中の四川料理は、内陸
　のスーチョワン盆地あたりの料理なんだけど、みんなも食べたことがある、
　あの辛い料理が有名だよ。何という料理だと思う？　⇒マーボー豆腐

◉上海料理は、上海ガニなんかがよく知られている。さて、四大中華料理のう
　ち、残りの２つ、何料理と何料理かわかる？　⇒1. 北京料理、2. 広東料理

◉中国の歴代王朝の首都があったことから、豪華な宮廷料理に代表されるのが
　北京料理で、一方「食は広州にあり」と言われ、食材が豊富なのが広東料理
　だ。広州というのは、広東省の省都のことだよ。さて、Ａグループは北京料
　理か広東料理のどちらかなんだけど、どちらだと思う？　⇒北京料理

◉なぜ中華料理について取り上げているのかというと、実は中華料理から中国
　の農業生産が見えてくるんだよね。Ａグループの共通点って、何だかわか
　る？　⇒小麦粉でできた生地で包む

◉ギョーザと中華まんはわかるよね。もう１つの写真は北京ダックだよ。北京
　ダックって、アヒルをパリパリに焼いて、その皮をそぎ切りにして食べるん
　だけど、そのままでは食べないんだ。ネギなどと一緒に、薄餅（バオビン）
　という小麦粉でできた生地に包んで食べるんだ。つまりＡグループの共通点
　は、小麦粉でできた生地で包むっていうことだよ。ということは、北京周辺
　では、小麦を栽培、つまり畑作しているということになるよね。一方のＢグ

ループなんだけど、チャーハンと八宝菜であることはわかるよね。これらの料理は広東料理も含め、広く中国の南部で食べられている。八宝菜はご飯にかければ中華丼になるよね。中国の北部が小麦を栽培しているのに対し、南部は米の栽培がおこなわれている。畑作に対して、稲作だね。農業生産の違いは、いったいどこからくるのだろうか？　⇒降水量の違い

⊙教科書の資料を見ると、畑作と稲作の違いが、降水量の違いとリンクしていることがわかるよね。降水量の多い南部では稲作が可能なんだけど、これを可能にしているあの風を何というの？　⇒季節風

⊙この条件の下で、中国は米の生産量が第1位だね。しかし、輸出量に中国の名前は出てこない。なぜかな？　⇒人口が多いので国内で消費する

⊙タイが最大のコメの輸出国で、日本もかつて緊急にタイから米を輸入したことがあったよ。

2.遊牧

⊙最後に、内陸部のようすについて確認しておくね。羊などを飼育しながら移動する牧畜がおこなわれているんだけど、これを何というの？　移動用のテントを何というの？　⇒遊牧、パオ（ゲル）

＊授業の中では、遊牧民の姿を映像で視聴している。可能であれば、そういう環境を整えたい。

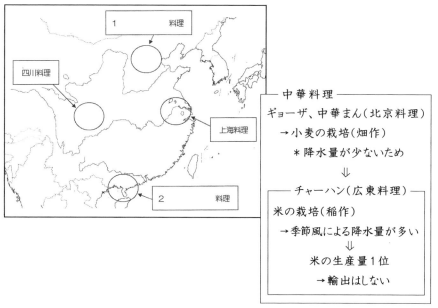

11 中国の工業

1.「世界の工場」

◎中国の学習の最後に、また少し中国語を学んでみようかな。これらの漢字、
　どういう意味かな。

＊机器猫（ドラえもん）や足球小将翼（キャプテン翼）などのカードを提示する。

◎『ドラえもん』や『キャプテン翼』などのアニメ、中国でも人気なんだろう
　ね。日本と中国、どうやらつながりが深そうだ。案外、みんなが持っている
　ものの中にも中国でできたものも多いんじゃないかな。少し調べてみよう。
　プリントの表の中に、製品とその製品が生産された国を書き込んでいこう。

◎調べてみたら、ペンケースやバッグなどに「中国製」や「MADE IN CHINA」
　ってあったみたいだね。次は資料集で、中国が生産量第1位になっている工
　業製品を調べてみよう。どんな工業製品があったかな？ ⇒パソコン、携帯
　電話、テレビなど

◎パソコンや携帯電話をはじめ、さまざまな工業製品が生産量第1位なんだね。
　こうしたことから、近年中国のことを「世界の工場」っていうんだ。工業生
　産が高まり、経済成長しているのが、現在の中国の姿だ。経済成長という言
　葉を使ったけど、それぞれの国の経済の大きさを測る“ものさし”のような
　データがあるんだけど、このデータのことを何というか知ってる？ ⇒GDP
　（国内総生産）

◎GDPというのは、それぞれの国で、1年間に新しく生産されたモノやサービ
　スの金額の総和のことで、その国の経済力を表しているんだ。資料集を見る
　と、2000年代以降にGDPが急激に増加していることがわかるね。2010年には
　日本を抜いて、世界第2位の経済大国へと成長した。この頃から中国の富裕
　層の中には、日本を観光で訪れ、大量に商品を購入する人たちが話題になっ
　た。この大量に商品を購入することを、何というの？ ⇒爆買い

2.経済特区

◎近年の中国による経済成長には、きっかけがある。中国は外国企業の国内進
　出を促すことで、工業生産を高め、経済成長を遂げてきた。外国企業にとっ
　ても、中国に進出するメリットが必要だよね。このメリットって、どんなこ
　とがあるの？ ⇒人件費、税、工業団地

◎プリントの資料、2010年度のデータなんだけど、製造現場の従業員の月額賃
　金、横浜が28万2,306円に対し、上海はいくらなの？ ⇒約2万3,600円

⊙つまり日本人１人を雇う金額で、中国人を約12人雇える計算だ。人件費の安さはメリットだね。

⊙データの中には法人税の実効税率というのがある。法人税というのは企業の利益に対する税なんだけど、日本は2010年当時40.69％に対し、中国は何％なの？　⇒25％

アジア各地域の比較（2010年度）

	横浜	ソウル	上海	台北
法人税の実効税率	40.69%	24.20%	25%	17%
製造現場の従業員の月額賃金	282,306円	92,700円	23,600円	71,300円
1kwあたりの業務用電気料金	約11円	約4.5円	約9円	約7円
1㎡あたりの工業団地購入価格	148,458円	20,800円	6,900円	57,500円

※1ドル=76円換算

⊙1㎡あたりの工業団地購入価格、日本の14万8,458万円に対し、中国はいくらなの？　⇒約6,900円

⊙中国への進出、外国企業にとってメリットが大きそうだね。税金を優遇したり、工業団地を安く提供したりする、こうした地域のことを何というの？　⇒経済特区

⊙香港に隣接する都市は、経済特区に指定されることで人口も増え、成長してきたけど、この都市を何というの？　⇒深圳（シェンチェン）

⊙ただ、経済成長に伴う課題がないわけではない。急激な工業化によって、環境対策が追いつかない工場も多いので、環境問題も深刻だ。北京などでは、粒子状の物質によって大気が汚染されていることがよく報道されるけど、この物質を何というの？　⇒PM2.5

⊙教科書にある「中国の省別・地域別１人あたりの工業生産額」の資料を見ると、どんなことがわかるの？　⇒沿岸部と内陸部との経済格差

製品	生産国

┌─ 世界の工場 ─┐
PC、ケータイ、TVなど、生産量1位
　→GDPの急増
　　＊富裕層による爆買い
　　　⇓
┌─ 経済特区 ─┐
外国企業の進出
　→人件費、税、工業団地
　　⇓
経済成長に伴う課題
　→環境問題や経済格差

12 東南アジア

1. 多様な社会

◎アジア州については、中国を中心に学んできたけど、この時間からは中国以
外の地域について学んでいくことにするね。まず東南アジアなんだけど、ど
んな国があるの？ ⇒フィリピン、インドネシアなど

◎こうした国々で構成されている東南アジア、多様性に富んだ地域なんだよ。
まずはマレーシアについて調べてみよう。教科書の中にマレーシアの民族構
成の資料があるんだけど、どんな民族がくらしているの？ ⇒マレー系、中
国系、インド系

◎古くから住んでいたマレー系に加え、中国やインドから移住した人たちをル
ーツに持つ中国系やインド系もいるね。マレーシアに限らず、東南アジアに
は中国系の人たちが多いんだけど、こうした中国系の人たちのことを何とい
うの？ ⇒華人

◎これらの民族は、それぞれ信仰している宗教もちがうんだ。マレー系は何と
いう宗教を信仰しているの？ 中国系は？ インド系は？ ⇒イスラム教、仏
教、ヒンドゥー教

◎宗教についていうと、東南アジアの国々は、主に信仰している宗教がそれぞ
れ違うんだよ。タイやカンボジアでは主に何という宗教を信仰しているの？
インドネシアは？ フィリピンは？ ⇒仏教、イスラム教、キリスト教

2. 産業

◎次は産業について確認していこう。東南アジアの人たちの多くは、何を主食
にしているの？ ⇒米

◎熱帯なので、1年に2回も稲作ができる地域も多いんだけど、こういう稲作
を何というの？ ⇒二期作

◎輸出を目的とした稲作もおこなわれていて、タイやベトナムは有数の米の輸
出国になっているね。

◎稲作以外にも大規模な農園でさまざまなものを栽培しているんだけど、大規
模な農園のことを何というの？ ⇒プランテーション

◎プランテーションでは、どんなものを栽培しているの？ ⇒天然ゴム、油や
し、バナナなど

◎油やしって、馴染みがないかもしれないけど、実は私たちのくらしと密接に
関わっているよ。油やしから取れるパーム油、私たちはよく利用するし、ロ

にも入れるんだ。どんな製品に使われているの？ ⇒洗剤、石けん、マーガリン、アイスクリーム、スナック菓子、チョコレートなど

◎こうした製品の原材料名の中にある「植物油脂」の多くがパーム油だ。ただ、こうしたプランテーション、熱帯林を伐採した後に油やしなどを植林されるケースも多い。ボルネオ島の北部にあるマレーシアのサラワク州では、これまで手つかずだった熱帯林が急速に失われていることが報告されている。ここの熱帯林は、先住民が食料や薬を得るために利用する程度だったけど、熱帯林を伐採し、合板（板を接着したもの）に加工されて輸出される。輸出先ってどこだと思う？ ⇒日本

◎日本へ輸出される合板のために熱帯林を伐採し、その後プランテーションで油やしが栽培される。一方で、先住民のくらしが奪われることを思うと心苦しいものがあるよね。

◎最後に、教科書にある「おもな国の輸出品の変化」の資料をみると、近年東南アジアの国々の輸出品が、どう変化しているの？ ⇒原料や農産物から工業製品へと変化している

◎近年、工業化が進んでいることがわかるね。かつてマレーシアでは、日本や韓国を経済成長の手本としたんだけど、この政策のことを何というの？ ⇒ルックイースト政策

◎さらなる経済成長のためには、地域の安定が欠かせないので、東南アジアの国々はある組織を結成し、現在10か国が加盟しているんだけど、この組織を何というの？ ⇒ASEAN

名　　称　ファットスプレッド　油脂含有率　66%
原材料名　食用植物油脂、食用精製加工油脂、食塩、粉乳／乳化剤、香料、着色料(カロテン)、(一部に乳成分・大豆を含む)
内　容　量　300g　　賞味期限　側面に記載
保存方法　必ず冷蔵庫(10℃以下)で保存してください。

●種類別：ラクトアイス
●無脂乳固形分:12.0%　●植物性脂肪分:4.5%　●卵黄脂肪分:0.5%
●原材料名:乳製品、砂糖、水あめ、植物油脂、難消化性デキストリン、乳たんぱく質、卵黄、寒天／香料、乳化剤、安定剤(増粘多糖類)、グルコン酸亜鉛、V.C、V.E、ピロリン酸鉄、ナイアシン、パントテン酸Ca、V.B₆、V.B₁、V.B₂、V.A、葉酸、V.B₁₂、V.D、(一部に卵・乳成分を含む)
●内容量:80ml×6個

┌─ 多様な社会 ─────
マレーシア
→マレー系、中国系（華人）、インド系
＊イスラム教や仏教などの宗教
⇩
┌─ 産　業 ─┐
・稲作（二期作）
　→タイ、ベトナムは輸出
・プランテーション（大農園）
　→天然ゴム、油やし、バナナ
⇩
ルックイースト政策（マレーシア）
→ASEANの結成
└─────────────

13 インド

1. ヒンドゥー教

⦿それぞれの国の経済の大きさを測る "ものさし" のようなデータのことを何というか覚えてる？ ⇒GDP

⦿2014年、2015年、2017年のGDP上位3か国は変わらないよね。1位はどこの国？ 2位は？ 3位は？ ⇒アメリカ、中国、日本

⦿このGDPについて、2014年9位、2015年7位、2017年6位と、近年急上昇している国があるんだけど、この国はどこかわかる？ ⇒インド

⦿この時間は、そんな経済成長が進むインドについて学んでいくことにしよう。インドの人たちの多くが信仰している宗教といえば、何という宗教だった？ ⇒ヒンドゥー教

⦿ヒンドゥー教徒にとって、聖なる川があったよね。何という川だった？ ⇒ガンジス川

⦿ヒンドゥー教徒は、身分制度によって職業や結婚の範囲が限定されるけど、こうした身分制度を何というの？ ⇒カースト制度

⦿下位のカーストに生まれた場合、そのカーストから抜け出すことは難しい。ただ、抜け出す方法がないわけではないんだ。どうしたら下位のカーストから抜け出せるんだろうか？ ⇒改宗

⦿カースト制度は、ヒンドゥー教の制度なので、イスラム教やキリスト教などへ改宗することで、カースト外の社会へ抜け出すことは可能だ。しかし、カーストは各階層ごとに強い仲間意識を形成してきたので、改宗者は多くない。逆にヒンドゥー教へ改宗した場合、下位のカーストに位置づけられるそうだ。

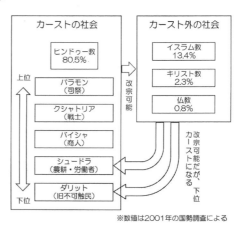

※数値は2001年の国勢調査による

2. 産業

⦿そうしたインド社会の中で、近年急成長を遂げている産業がある。インターネットなど、情報や通信に関連する技術を使用した産業なんだけど、この産業のことを何というの？ ⇒ICT関連産業

◎なぜインドで、こうしたICT関連産業が急成長しているの？　⇒数学教育やインドの位置など

◎みんなは小学生の時に九九を覚えたけど、インドは九九では物足りない。インド式数学というんだけど、2ケタのかけ算はもちろん、小学5年生では、333,333×333,333といった計算も、あっさり暗算で解いてしまう。ちなみに数としての0（ゼロ）という概念を発見したのもインド人だ。こうした高度な数学教育がICT関連産業の急成長を支えている。

◎インドの位置もICT関連産業にとっては魅力だ。インドから見て、地球の真裏はどこだと思う？　⇒アメリカ

◎インドの真裏にあるアメリカは、ICT関連産業が発達した地域だ。マイクロソフトやグーグルといった企業名を聞いたことがあると思うけど、アメリカの企業だね。インドの真裏にアメリカがあるメリットって、どんなことなの？　⇒24時間の企業活動が可能

◎インドが昼間の時はもちろん、夜間であればアメリカが昼間なので、24時間ソフト開発などの企業活動が可能になるよね。また、新しい産業なのでカースト制度の影響を受けないのも魅力なんだよね。

◎最後にインドで生産がさかんな農産物について確認したいんだけど、まず地図帳でアッサム地方とデカン高原がどこにあるのか調べてみよう。

◎アッサム地方って何の生産がさかんなの？　デカン高原は？　⇒茶、綿花

◎アッサムティーって聞いたことないかな。茶も綿花も中国に次いで、世界第2位の生産を誇る。同じ南インドのスリランカも茶の生産は第4位だ。セイロンティーがよく知られているよ。茶も綿花も輸出用の農産物だ。

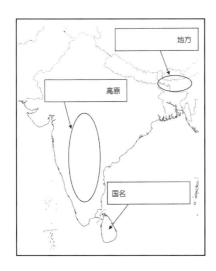

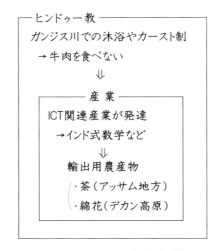

14 西アジア

1. ペルシャ湾岸

◎日本で最も高い建物を何というの？ 高さは何m？ ⇒東京スカイツリー、634m

◎ムサシで634mだね。日本で最も高いビルを何というの？ 高さは何m？ ⇒
　あべのハルカス、300m

◎世界で最も高いビルを何というか、知ってる？ ⇒ブルジュ・ハリファ

＊こうした建造物の写真を示しながら問いかけるとよい。

◎世界で最も高いのは、ブルジュ・ハリファだ。尖塔まで含めると、高さは828m
　にもなる。このブルジュ・ハリファって、何という都市にあるの？ ⇒ドバイ

◎ドバイがどこにあるのか、地図帳で調べてみよう。

◎ドバイは何という国にあるの？ ⇒アラブ首長国連邦

◎ドバイやアラブ首長国連邦を含めた、西アジア周辺の地形や国名などを調べ
　てみよう。

＊1. イラン、2. クウェート、3. カタール、4. サウジアラビア、5. アラブ首長国
　連邦、6. ドバイ、7. ペルシャ湾

◎アラビア半島については、以前学んだよね。気候帯は何帯だったの？ ⇒乾燥帯

◎乾燥帯ということは、何が広がっているの？ ⇒砂漠

◎ペルシャ湾岸の地域は砂漠が広がり、工業化が遅れていたけど、ブルジュ・
　ハリファが建造されるほど、近年経済成長を遂げているんだね。

2. オイルマネー

◎こうした経済成長には要因があるんだ。ここにはあるものが世界で最も埋蔵
　されているんだけど、何が埋蔵されているの？ ⇒石油

◎石油って、私たちの生活に欠かせないものだよね。日本で石油は生産できる
　の？ 国内生産量は何％なの？ ⇒できる、約0.3％

◎日本ではわずかに生産されているだけで、残りの約99.7％は輸入に頼ってい
　るのが実情だ。2017年における日本の石油の輸入先、上位３か国はどこの国
　なの？ ⇒サウジアラビア、アラブ首長国連邦、カタール

◎サウジアラビア40.2％、アラブ首長国連邦24.2％、カタール7.3％だね。これ
　に第４位のクウェート7.1％、第６位のイラン5.5％を加えると、日本は80
　％以上を西アジアから輸入していることになる。この地域の経済成長は、こ
　うしたオイルマネーに支えられているんだろうね。生産された石油は、日本
　まで何を使って運ばれてくるの？ ⇒タンカー

⊙ペルシャ湾からインド洋に出て、マレー半島とスマトラ島に挟まれたマラッカ海峡を抜けて、日本まで運ばれてくるんだよ。日本にはタンカーで運ばれてくるけど、トルコやカザフスタンなどの内陸の国々には、どうやって運ぶの？ ⇒パイプライン

⊙西アジアにある産油国は、ある組織を結成して価格や生産量を決定しているんだけど、この組織のことを何というの？ ⇒OPEC（石油輸出国機構）

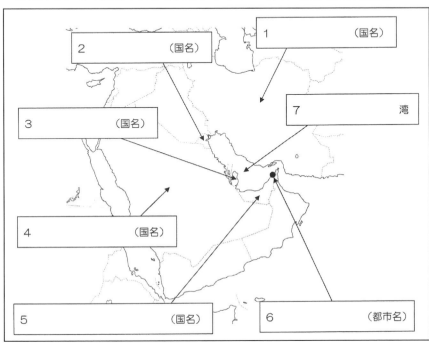

日本の石油輸入先	
1位	
2位	
3位	

― ペルシャ湾岸 ―

砂漠が広がり、工業化が遅れる

　→近年、経済成長

　　＊ドバイにブルジュ・ハリファ（828m）

⇓

― オイルマネー ―

世界一の石油埋蔵量

　→タンカーやパイプラインで輸出

　＊日本も80％以上を西アジアから

⇓

OPEC（石油輸出国機構）

　→価格や生産量を決定

15 ヨーロッパの自然

1.地形

◎この時間から、ヨーロッパ州について学んでいくことにするね。まずは最初
　なので、ヨーロッパ州の地形について調べてみよう。

＊アジア州と同じように、アルプス山脈、ライン川、ドナウ川、地中海、北海
　など、ヨーロッパ州の地形について、授業プリントを配布し、調べさせる。

＊写真などを提示し、以下のように生徒たちと対話しながら、地形について確
　認していく。

◎スイスやオーストリアとイタリアの国境になっているのがアルプス山脈だよ
　ね。アルプス山脈といえば、最高峰となっているのはケーキでもおなじみの
　山だね。何という山なの？　⇒モンブラン

◎モンブランは、標高4,810mだから、富士山よりも高いね。ケーキのモンブ
　ランは、山のかたちに似せて作ったことが名前の由来らしい。この他にマッ
　ターホルンなども、よく知られている。このアルプス山脈を源に、ヨーロッ
　パ州を北上し、北海に注ぐ川を何というの？　⇒ライン川

◎ライン川は、スイス、ドイツ、フランス、そしてオランダと、各国を流れ、
　外国の船が自由に航行できる。こういう川のことを何というの？　⇒国際河川

◎ヨーロッパ州には、もう１つ代表的な国際河川がある。ドイツからハンガリ
　ーやルーマニアなどの東ヨーロッパへ流れ、最終的には黒海に注ぐ川を何と
　いうの？　⇒ドナウ川

◎ノルウェーの海岸線に注目すると、ノコギリの歯のようにギザギザになって
　いる地形がある。この地形を何というの？　なぜこういう地形ができたの？
　⇒フィヨルド、氷河がけずった

2.気候

◎次は気候について確認するね。ヨーロッパ州の中央部は、何という気候帯な
　の？　⇒温帯

◎ヨーロッパ州の中央部は、日本にも広く見られる温帯だ。ところで、イギリ
　スの首都ってどこ？　フランスは？　ドイツは？　イタリアは？　⇒ロンドン、
　パリ、ベルリン、ローマ

◎こうした都市の緯度に注目した時、何か気づくことない？　⇒日本と比べて
　高緯度にある

◎札幌が北緯43°で、ローマ（北緯42°）とほぼ同緯度だ。日本最北端の択捉

島カモイワッカ岬が北緯45°だよ。パリ（北緯49°）、ロンドン（北緯51°）、ベルリン（北緯52°）は、さらに北に位置しているよね。ヨーロッパ州の大部分は、日本と比べても高緯度にあるんだけど、何か不思議に思うことない？　⇒高緯度にもかかわらず温帯

⊙北海道って、気候帯は何だと思う？　⇒亜寒帯

⊙北海道は亜寒帯に分類されるんだ。ヨーロッパ州の中央部、北海道よりも高緯度にあるのに温帯だ。高緯度にもかかわらず温帯なのは、まず西寄りの暖かい風の影響があるんだけど、この風のことを何というの？　⇒偏西風

⊙ヨーロッパ州の大西洋岸には、赤道付近で暖められた海流、つまり暖流が流れているんだけど、これもヨーロッパ州の気候に影響を与えている。この暖流のことを何というの？　⇒北大西洋海流

⊙ヨーロッパ州の中央部が高緯度にもかかわらず温帯に分類されるのは、こうした偏西風と北大西洋海流があるからなんだね。以前、スペインの衣食住について調べたけど、ヨーロッパ州の南部は、温帯の中でも乾燥した気候の特徴があったよね。この気候のことを何というの？　⇒地中海性気候

⊙これに対し、大西洋や北海の沿岸など、ヨーロッパ州の中央部に広がる地域は、冬の寒さがあまり厳しくないんだけど、この気候のことを何というの？
　⇒西岸海洋性気候

イギリスの首都（北緯51°）

ドイツの首都（北緯52°）

フランスの首都（北緯49°）

イタリアの首都（北緯42°）

── 地 形 ──
アルプス山脈
　→ライン川やドナウ川などの国際河川
　＊北欧には氷河がけずったフィヨルド
　　　⇓
　── 気 候 ──
　高緯度だが、中央部は温帯
　　・地中海性気候
　　・西岸海洋性気候
　　　→偏西風と北大西洋海流

16 ヨーロッパの多様性

1.宗教

⊙ヨーロッパ州にある都市の市街地の
写真を何枚か見せるけど、何か共通
点に気づくことない？ ⇒教会

＊ロンドン、パリ、ベルリン、ローマ
の市街地の写真を提示する。

ベルリンの市街地

⊙大聖堂、つまり教会があることに気
づくよね。どんな地方の町にも、教
会があるんだ。教会ということは、
何という宗教なの？ ⇒キリスト教

⊙近年、ヨーロッパ州には、ヨーロッパ州以外からやって来て、定着している人
たちも多い。経済的な理由でやって来る人たちのことを何というの？ ⇒移民

⊙自国での紛争などによって国を追われ、やって来る人たちのことを何という
の？ ⇒難民

⊙ヨーロッパ州への移民や難民は、どこからやって来る人たちが多いの？ ⇒
中東や北アフリカ

⊙中東や北アフリカの人たちって、どんな宗教を信じている人たちが多かった
の？ ⇒イスラム教

⊙これまでドイツは、トルコから多くの移民を受け入れてきたけど、これらの
移民たちは自分たちのコミュニティを形成し、ドイツ人と交流する機会が多
くはなかった。学ぶ機会にも恵まれなかったためにドイツ語を話さず、コミ
ュニティの中にモスクを建設する移民たちの姿は、一部のドイツ人からする
と異質なものに映ったみたいだ。

2.民族

⊙次は民族について確認するね。ここにヨーロッパ州の人たちの顔写真が3枚
ほどあるんだけど、この人たちの顔立ちにはそれぞれどんな特徴があるの？
⇒金髪、青い目など

＊ラテン系（クリスティアーノ・ロナウド）、ゲルマン系（アンゲラ・メルケ
ル）、スラブ系（マリア・シャラポワ）の人たちの顔写真を提示する。グル
ープ活動によって、その特徴を出し合ってもよい。

⊙黒っぽい茶色の髪の毛、黒い目などが特徴のこの人、何という民族なの？

⇒ラテン系

◎ラテン系の人たちは、どこの国に多いの？　⇒スペインやイタリアなど

◎スペインやイタリアなど、南部に多いのがラテン系だね。ちなみにこの人、サッカーのポルトガル代表なんだけど、誰か知ってる？　⇒クリスティアーノ・ロナウド

◎金髪、青い目、高い鼻などが特徴のこの人、何という民族なの？　⇒ゲルマン系

◎ゲルマン系の人たちは、どこの国に多いの？　⇒ドイツやイギリスなど

◎ドイツやイギリスなど、北部に多いのがゲルマン系だね。ちなみにこの人、ドイツの首相なんだけど、誰か知ってる？　⇒メルケル首相

◎明るい茶色の髪の毛、灰色っぽい黒の目などが特徴のこの人、何という民族なの？　⇒スラブ系

◎スラブ系の人たちは、どこの国に多いの？　⇒ロシアやポーランドなど

◎ロシアやポーランドなど、東部に多いのがスラブ系だね。ちなみにこの人、プロテニスプレーヤーなんだけど、誰か知ってる？　⇒マリア・シャラポア

◎ヨーロッパ州の民族を大きく分けると、ラテン系、ゲルマン系、スラブ系になるんだけど、実際にはルーツは様々で、メルケル首相もルーツの1つはポーランドにあるみたいだね。

◎こうした民族と、キリスト教の宗派もほぼリンクしているので、最後にそのことを確認しておくね。ラテン系の人たちの多くは何という宗派を信仰しているの？　ゲルマン系は？　スラブ系は？　⇒カトリック、プロテスタント、正教会

◎プロテスタントができたいきさつについては、歴史の時間にまた学ぶことにするね。

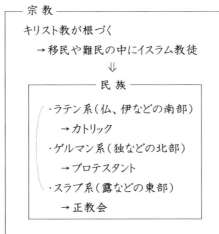

17 ヨーロッパの農業

1. フランス料理

◎世界三大料理って、知ってる? ⇒中華料理、フランス料理、トルコ料理

◎アジア州の学習では、中華料理を通して中国の農業について学んだよね。同じように、フランス料理を通してヨーロッパ州の農業について学ぶことにするね。ちなみに2013年12月、和食がユネスコ無形文化遺産に登録されたけど、「フランスの美食術」はその3年前に登録されたよ。そのフランス料理には、欠かせない食材がいくつかあるんだけど、それを1つずつ確認していくことにしよう。

＊フランス料理のフルコースの写真を提示することで、イメージを膨らませてもよい。

◎まずはパンだね。パリ発祥のパンを一般的に「フランスパン」というそうだけど、バゲットなんかがよく知られているよね。パンの原料って何? ⇒小麦

◎フランスを含め、ヨーロッパ州の各地では小麦を栽培している。これが主食のパンになるよね。ただし、広い地域で小麦の栽培だけではなく、飼料用の作物も栽培し、家畜も飼育しているんだ。このような農業を何というの? ⇒混合農業

◎また、チーズやバターもフランス料理には欠かせないんだけど、チーズやバターって、何からできているの? 乳牛やヤギを飼育し、乳製品などを生産する農業のことを何というの? ⇒牛乳、酪農

◎ゴーダチーズやエダムチーズって、日本でも知られているけど、ゴーダもエダムもオランダの地名なんだ。オランダの首都ってどこ? ⇒アムステルダム

◎オランダは国土の約4分の1が海面下にある干拓地だけど、この干拓地を何というの? ⇒ポルダー

◎こうしたポルダーで酪農がおこなわれているんだね。アムステルダム近郊のアルクマールは、チーズ市_{いち}が有名だ。市というよりも、17世紀の競りを再現したお祭りのようなものなんだそうだ。

◎ところで、『アルプスの少女ハイジ』というアニメ、知ってるよね。ハイジの友だちの少年って、誰か知ってる? ⇒ペーター

◎夏、山の麓の町に住むペーターは、ハイジの家までヤギを連れてきて、さらに標高の高い牧草地へと向かうんだ。こうした垂直移動の牧畜のことを何というの? ⇒移牧

◎ついでに復習だよ。アジア州で学んだ、中国の内陸部やモンゴルでおこなわ

れている水平移動の牧畜のことを何というの？　⇒遊牧

◎最後にもう１つ、フランス料理に欠かせないのがワインだ。ワインの原料は何？　⇒ぶどう

◎ぶどう、オレンジ、オリーブなど、地中海の沿岸では、夏の乾燥に強い果樹栽培がおこなわれていたよね。こういう農業のことを、何というの？　⇒地中海式農業

2. 農業国フランス

◎ヨーロッパ州全体の農業について眺めてきたけど、次はフランスに注目するね。国内で消費する食料のうち、国内産でまかなえる割合のことを何というの？　⇒食糧自給率

◎国内で消費する食料を、国内産でちょうどまかなえる場合、食糧自給率は何％になるの？　⇒100％

◎例えば小麦の場合、フランスの自給率は何％なの？　⇒190％（2013年）

◎190％ということは、国内ですべて消費しても、その消費量とほぼ同じ量が残ることになるよね。こうした国内で消費されなかった小麦、どうするの？　⇒輸出する

◎世界の小麦輸出国を調べてみよう。フランスは第何位なの？　⇒第４位（2016年）

◎ロシア、アメリカ、カナダに次いで第４位、やはりフランスはヨーロッパ州最大の農業国なんだね。

小麦輸出国

1位	
2位	
3位	
4位	
5位	

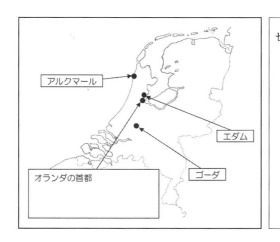

――フランス料理――
世界三大料理
・パン（混合農業）
　→小麦の栽培と家畜の飼育
・チーズ（酪農）
・ワイン（地中海式農業）
　⇓
――フランス――
ヨーロッパ最大の農業国
　→小麦の自給率190％
　＊世界4位の小麦輸出国

18 ヨーロッパの工業

1. ルール工業地域

◎この時間は、ヨーロッパ州の工業について学ぶことにするね。まず最初にヨーロッパ州の工業の様子をまとめた授業プリントを配るので、鉄山や油田などについて調べてみよう。

＊1. キルナ鉄山、2. 北海油田、3. ユーロポート、4. ルール工業地域、5. トゥールーズ

◎これから地理の授業の中で鉱産資源がよく出てくるけど、石油、石炭、鉄鉱石の3つが基本なんだ。石油が取れるところを何というの？　石炭は？　鉄鉱石は？　⇒油田、炭田、鉄山

◎ヨーロッパ州最大の工業地域を何というの？　どこの国にあるの？　⇒ルール工業地域、ドイツ

◎なぜルール工業地域が最大の工業地域になったのか、考えていくことにしよう。「○○は国家なり」あるいは「○○は産業の米」という言葉、かつての日本でよく使われたんだ。○○にはある工業製品があてはまるんだけど、何だと思う？　⇒鉄

◎製鉄業が近代国家の基礎をなすとか、産業の中心を担うといった意味で使われた。確かにさまざまな工業製品の素材として、鉄は欠かせないよね。ルール工業地域も、かつては製鉄業がさかんにおこなわれた。鉄の生産には2つの鉱産資源が必要なんだけど、何だと思う？　⇒石炭と鉄鉱石

◎ルール工業地域では、石炭と鉄鉱石をどこから調達するの？　⇒ルール炭田とキルナ鉄山など

◎先ほどのプリントを見ると、ルール工業地域のあたりで石炭が取れるよね。ルール地方や近くのアルザス・ロレーヌ地方には炭田があるんだ。鉄鉱石は少し離れているけど、スウェーデンにキルナ鉄山などがあるので、このあたりから調達している。鉄鉱石をどうやって運ぶの？　⇒水運

◎バルト海を船で運んでくるんだよ。水運だね。それではルール工業地域で生産された製品はどうやって運ぶの？　⇒ライン川の水運

◎ライン川の水運を利用して運ぶんだよ。ライン川は各国を流れ、外国の船が自由に航行できたんだよね。こういう川のことを何といったの？　⇒国際河川

◎ライン川はオランダまで流れているけど、河口にあるオランダの都市を何というの？　⇒ロッテルダム

◎ロッテルダムには国際貿易港があって、この港から世界各地に製品が輸出さ

れる。「ヨーロッパ州の港」という意味のこの貿易港を何というの？ ⇒ユーロポート

2. 先端技術

⊙最後にヨーロッパ州における先端技術についてまとめておくね。日本最速の鉄道は新幹線だけど、ヨーロッパ最速の鉄道を何というか知ってる？ ⇒TGV

⊙フランスの高速鉄道でTGVというんだ。営業最高速度は時速何kmだと思う？ ⇒320km

⊙ちなみに日本の新幹線が時速300kmだよ。

⊙世界には大きな旅客機メーカーが2つほどあるんだけど、何というメーカーか知ってる？ ⇒エアバスとボーイング

⊙ボーイングがアメリカ、エアバスがヨーロッパ州の旅客機メーカーで、日本や世界の空を飛ぶ旅客機の大部分がこの2社で占められている。世界最大の旅客機は、エアバスA380なんだけど、座席数は何席だと思う？ ⇒最大で615席

⊙このエアバスの旅客機、胴体や翼などの部品を、イギリス、フランス、ドイツ、スペインでそれぞれ生産し、組み立てているんだけど、どこで組み立てているの？ ⇒トゥールーズ

⊙こうした国境を越えた結びつきについて、次の時間にもう少し詳しく学んでいくことにしよう。

┌─ 工業の発展 ─
ルール工業地域
・アルザス・ロレーヌの石炭
・キルナの鉄鉱石
　→ライン川とユーロポート
⇓
─ 先端技術 ─
TGV（フランス）
　→ヨーロッパ最速320km/h
⇓
エアバスA380
　→トゥールーズで組立て

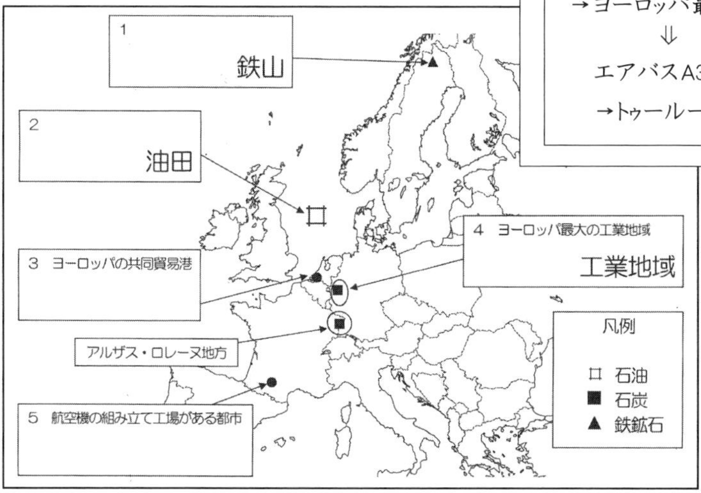

1 鉄山

2 油田

□

3 ヨーロッパの共同貿易港

4 ヨーロッパ最大の工業地域
工業地域

アルザス・ロレーヌ地方

5 航空機の組み立て工場がある都市

凡例
□ 石油
■ 石炭
▲ 鉄鉱石

19 ヨーロッパの統合

1. 統合の背景

◎前の時間の復習をしよう。ヨーロッパ州の旅客機メーカーを何というか、覚えてる？ ⇒エアバス

◎イギリスやフランスなどの4か国が生産したものをトゥールーズで組み立てていたよね。この時間はこうした国境を越えた結びつきについて、もう少し学んでいくんだったね。

◎ヨーロッパ州最大の工業地域を何というか、覚えてる？ ⇒ルール工業地域

◎かつて製鉄業がさかんにおこなわれたのがルール工業地域だった。製鉄業に必要な鉱産資源が2つあったけど、何と何だった？ ⇒石炭と鉄鉱石

◎鉄鉱石はキルナ鉄山などから運んできた。一方の石炭は、近くにあった炭田から調達できたね。近くって、ルール地方の他、どのあたりにあったの？ ⇒アルザス・ロレーヌ地方

◎前の時間の授業プリントでアルザス・ロレーヌ地方の位置を確認してごらん。何か気づくことない？ ⇒フランスとドイツの国境にある

◎国境付近に鉱産資源があることで、何か気がかりなことはないかな？ ⇒鉱産資源をめぐる争い

◎やがて歴史で学ぶけど、フランスとドイツは、これまで何度か戦争している。その度に、このアルザス・ロレーヌ地方はドイツ領になったり、フランス領になったりするんだ。そこで第二次世界大戦後、この地域の石炭を共同で管理するようになる。この組織がやがて拡大、発展し、現在の何になるの？ ⇒EU（欧州連合）

2. EU

◎EUって、現在何か国なの？ ⇒27か国

◎EUに加盟することで、どんな便利なことがあるの？ ⇒国境を自由に越えられるなど

◎教科書の写真を見ると、ライン川をはさんだストラスブール（フランス）とケール（ドイツ）との間に橋が架かってるよね。この橋を子どもたちが自由に行き来している。日本だったら、海外へ行く場合、何が必要なの？ ⇒パスポート

◎EU内ではパスポートって必要ないんだね。だから仕事やショッピングなどで、国境を越えることは日常的におこなわれている。例えば先生は、教員免許を

取得しているから、こうして授業しているけど、授業できるのは日本の学校だけで、韓国や中国では授業できない。EUの場合、こうした資格も共通で、他国でも働きやすい。ヒトの移動だけではない。加盟国内での貿易には関税という税金もかからないので、モノの移動も自由だ。そして2002年、現金通貨まで統一してしまった。この通貨のことを何というの？ ⇒ユーロ

⊙ユーロを導入している国では、両替することなくショッピングもできる。カネの移動も自由なんだ。こうしてEUは巨大な経済圏も作り上げてきた。以前、アジア州のところで学んだけど、その国や地域の経済の大きさを測る"ものさし"のようなデータを何というの？ ⇒GDP

⊙GDPが最も大きな国はアメリカなんだけど、EUはこのアメリカに匹敵するほどのGDPを誇るんだ。ただ、EUに課題がないわけではない。EU加盟国の中には、GDPの高い国もあれば、低い国もある。こういう差のことを何というの？ ⇒経済格差

```
── 統合の背景 ──
アルザス・ロレーヌをめぐって戦争
  →戦後、石炭をヨーロッパで共同管理
          ⇓
  ── EU（欧州連合）──
  現在27か国
    →ヒト、モノ、カネなどの移動が自由
      ＊統一通貨ユーロ
          ⇓
      経済格差
        →移民などが先進国へ
          ＊英がEU離脱へ
```

⊙経済格差が広がれば、GDPの低い国から高い国をめざす移民も増加する。こうした移民問題などを背景に、反EUの動きも広がりつつある。そして2020年1月、とうとうイギリスがEUから離脱してしまった。これからヨーロッパ州は、どこへ向かっていくのだろうか。

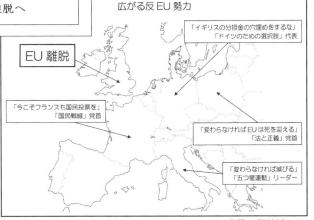

広がる反EU勢力

「イギリスの分担金の穴埋めをするな」
「ドイツのための選択肢」代表

EU離脱

「今こそフランスも国民投票を」
「国民戦線」党首

「変わらなければEUは死を迎える」
「法と正義」党首

「変わらなければ滅びる」
「五つ星運動」リーダー

20 アフリカの自然

1. 地形

◎この時間から、アフリカ州について学んでいくことにするね。アフリカ州って、あまり身近ではないよね。どんなイメージがあるかな？ ⇒飢餓、貧困、内戦、難民など

＊付箋紙にイメージをまとめさせ、グループや学級全体で共有させてもよい。

◎そうしたイメージのアフリカ州、まずは地形について調べてみよう。

＊これまでと同じように、サハラ砂漠、ギニア湾、コンゴ盆地、ナイル川、ビクトリア湖、キリマンジャロ山など、アフリカ州の地形について、授業プリントを配布し、調べさせる。

＊写真などを提示しながら、地形について確認していく。特に、サハラ砂漠が世界最大の砂漠であること、ナイル川が世界最長の川であることを押さえる。

◎ところで、ケニアの首都は何という都市なの？ ⇒ナイロビ

◎ナイロビと東京、最も暑い月の平均気温を比べた時、より暑いのはどちらの都市だと思う？ ⇒東京

◎ナイロビは赤道直下にあるので、ナイロビだと思うかも知れないけど、実は東京なんだよ。東京（千代田区）の８月の平均気温は27.1℃に対し、ナイロビで最も暑い２月と３月の平均気温は25.6℃だ。なぜ赤道直下にあるのに、ナイロビは東京より平均気温が低いの？ ⇒標高が高い

◎ナイロビは標高が1,600ｍほどの高さにあるため、比較的冷涼な気候なんだ。アフリカ州の大部分は標高500ｍ以上の高原にあるんだよ。

2. 気候

◎次はアフリカ州全体の気候について確認するね。ナイロビ周辺を除くと、赤道付近には何という気候帯が広がっているの？ ⇒熱帯

◎熱帯にも２種類あって、コンゴ盆地周辺は１年中降水量も多くて熱帯林がよく育つ。これに対してキリマンジャロ山周辺は、雨の降る季節と降らない季節に分けられる。雨の降る季節を何というの？ 降らない季節は何というの？ ⇒雨季、乾季

◎こうした地域では、低い木がまばらに生える草原が広がるけど、この草原を何というの？ ⇒サバナ

◎熱帯には、熱帯雨林気候とサバナ気候という２種類があるんだよ。もちろんサハラ砂漠周辺には乾燥帯が広がっているし、温帯の地域もあって、アフリ

カ州の気候も多様性に富んでいるんだ。

カカオベルト

カカオは、北緯南緯20度圏内のカカオベルトで栽培される。ただし、その範囲内でも、年間平均気温や年間降水量などの条件を満たす地域でないと栽培できない。

3. カカオ栽培

⊙ところで、ガーナという国を地図帳で確認しよう。ギニア湾岸にある国だね。ガーナといえば、日本でもチョコレートでおなじみだ。チョコレートの原料は何か知ってる？ ⇒カカオ豆

⊙カカオ豆は、赤道周辺の「カカオベルト」でしか生産できない熱帯性の作物だ。ガーナやコートジボワールなど、ギニア湾岸の国々はカカオ豆の栽培の適地で、ここで栽培されたものが日本をはじめ、世界各国に輸出されている。ただ、その労働には子どもたちも多く従事している。いわゆる児童労働などの課題もあるんだ。この子どもたちは学校に通うことができず、カカオ豆が何になるのかさえ知らないんだ。チョコレートを食べたこともなければ、見たことすらない。

⊙貿易相手国から、より安い価格を求められていることが、児童労働につながっているという指摘がある。だから、より適正な価格での貿易を求める声も広がっているけど、こうした貿易を何というの？ ⇒フェアトレード

┌─ 地形と気候 ─
大部分が500m以上の高原
 →最大のサハラ砂漠、
　　最長のナイル川
　　　⇓
┌─ 気候 ─
赤道付近に熱帯
・コンゴ盆地周辺の熱帯林
・キリマンジャロ山周辺のサバナ
　→乾燥帯や温帯も広がる
　　　⇓
　ガーナのカカオ栽培
　　→児童労働などの課題
　＊フェアトレードの取り組み

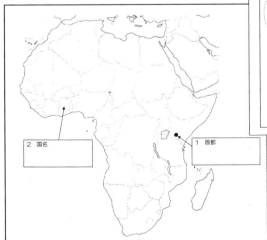

2 国名

1 首都

21 アフリカの歴史

1. 暗黒の大陸

⊙この時間は、アフリカ州が紡いできた歴史を通して、アフリカ州の現在を考えてみることにするね。まずは授業プリントを配布するので、国名や海岸名を調べてみよう。

＊1. コートジボワール、2. 奴隷、3. 南アフリカ

⊙アフリカ州って、かつては「暗黒の大陸」と言われていたけど、なぜ「暗黒」なのかな。ヨーロッパ州では、地中海をはさんだ北アフリカ周辺については知られていたけど、そこから南についてはよく知られていなかったんだ。なぜ知られなかったの？ ⇒世界最大のサハラ砂漠があったから

⊙ヨーロッパ州では、アフリカ州について未知のことが多く、ヨーロッパ州の文明から取り残されていたので「暗黒の大陸」と言われるようになったんだ。

⊙ところで、以前学んだように、アフリカ州の国々には直線の国境が多かったよね。なぜ直線の国境が多かったの？

　⇒ヨーロッパ州の国々が分割したから

---------- 現在の国境

民族や部族の境界

（『地理の自主学習1』正進社より）

⊙緯度や経度などを使って分割したんだよね。アフリカ州には、当然さまざまな民族がくらしているけど、こうした民族の境界を無視して分割したんだ。同じ国内にさまざまな民族がくらすことで、これまで民族間の対立も少なくなかった。アフリカ州について、飢餓、貧困、内戦、難民などのイメージがあったけど、こうした歴史的な背景に由来しているんだね。2014年のサッカーW杯、日本は初戦でコートジボワールに敗戦した。エースのドログバ選手、2008年のW杯に初出場を決めた時、カメラの向こうの内戦下にある国民に呼びかけたんだ。このメッセージで内戦終結の機運が高まり、9年続いた内戦は2011年に終結した。

ドログバ選手のメッセージ

　国民のみなさん、W杯出場という目標のもと、さまざまな民族が一緒にプレーできることが証明されました。喜びのために、人々は団結できます。今ここで、ひざまずいてお願いします。豊かなコートジボワールで、内戦をしてはいけません。武器を捨ててください。すべてがうまくいきます。

2. 植民地

⊙ヨーロッパ州の国々を中心に、かつての支配地を何というの？ ⇒植民地

⊙みんなが学んでいる英語をはじめ、フランス語やスペイン語などが、本国以外で公用語になっているのは、こうした植民地支配の影響なんだね。植民地支配したヨーロッパ州の人たちは、アフリカ州をはじめとする地域で輸出用の農産物の大農園を経営したけど、この大農園を何というの？ プランテーションでの労働者は誰？ ⇒プランテーション、アフリカ州の人々

⊙先ほど奴隷海岸について調べたけど、なぜ奴隷海岸というの？ ⇒アフリカ州からアメリカなどへ奴隷が送られたから

⊙アメリカなどへ奴隷として送られ、プランテーションで労働を強いられたんだね。このあたりについては、また北アメリカ州のところでも学ぶことにしよう。

⊙最後に南アフリカを通して、植民地支配について学ぶことにしよう。南アフリカは、かつてどこの植民地だったの？ ⇒イギリス

⊙イギリスの植民地だったこともあって、黒人だけではなくて、白人の国民も少なくない。ただ、かつては白人と黒人のくらしをさまざまな場面で隔離する、つまり白人が黒人を差別することを政策としていたけど、この政策を何というの？ ⇒アパルトヘイト

⊙1994年、このアパルトヘイトは、ある黒人大統領の誕生で消滅したけど、この大統領は誰？ ⇒ネルソン・マンデラ

⊙2019年、日本で開催されたラグビーW杯、優勝した南アフリカのキャプテンを務めたのは、貧困家庭で生まれ育った黒人のコリシ選手だった。表彰式後、白人の妻との間にできた娘を抱えながら語った、「すべての民族に勝利が届けばいい」という言葉が印象的だった。

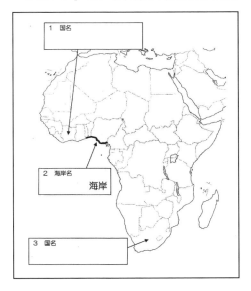

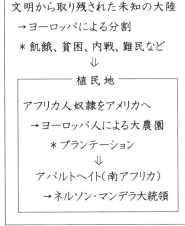

＿ 暗黒の大陸 ＿
文明から取り残された未知の大陸
　→ヨーロッパによる分割
　＊飢餓、貧困、内戦、難民など
　　　　　⇓
＿＿＿ 植民地 ＿＿＿
アフリカ人奴隷をアメリカへ
　→ヨーロッパ人による大農園
　　＊プランテーション
　　　　　⇓
アパルトヘイト（南アフリカ）
　→ネルソン・マンデラ大統領

22 アフリカと日本

1. モノカルチャー経済

⊙アフリカ州の最後は、日本との関係について学んでいくけど、その前にアフリカ各国の主な輸出品について確認していこう。教科書にある資料を見ると、ザンビアの主な輸出品は何？ 銅は輸出品の何%を占めるの？ ナイジェリアの主な輸出品は何？ 石油は何%を占めるの？ ⇒銅、74.3%（2014年）、石油、72.9%（2014年）

⊙1つの品目で70%を超える割合を示しているよね。こうした一部の農産物や鉱産資源の輸出に頼っていて、何か不安なことない？ ⇒価格の変動

⊙国際的に価格が変動することがあるんだ。価格が大きく下落すると、その国の経済は不安定になる。こうした一部の農産物や鉱産資源の輸出に頼った経済を何というの？ ⇒モノカルチャー経済

⊙モノカルチャーの mono って「単一」という意味だよ。音響の世界で左右両方のスピーカーから音声を再生する方式を stereo というのに対し、1つのスピーカーから音声を再生する方式を monaural というよね。この mono だ。culture は「文化」という意味が一般的だけど、もともとは「栽培」を意味したんだ。つまり、単一の農産物を栽培する農業の形態からできたのがモノカルチャーという言葉だ。

2. 最後のフロンティア

⊙ところで、かつて「暗黒の大陸」と言われたアフリカ州だけど、近年は「最後のフロンティア」なんて言われることもある。frontier は「最前線」を意味する英語だよ。アジア州やヨーロッパ州をはじめ、地球上の多くの地域が開拓されてきたけど、未開拓の地域を多く残すアフリカ州だけは、まだ開拓の可能性を秘めているということなんだ。「最後の巨大市場」なんていう言い方で表現されていることもあるんだよ。

⊙アフリカ州には、飢餓、貧困、内戦、難民などのイメージがあったけど、こうした課題を抱えているのも事実だ。この現状に、日本は経済的な支援をおこなっている。2013年6月、日本は支援を表明したけど、その額はいくらだと思う？ ⇒320億ドル（3.2兆円）

⊙2013年6月、安倍首相は5年間で政府と企業を合わせて320億ドル、日本円にして3.2兆円の支援を表明した。ただこの時、「支援」という言葉とは別に、「投資」という言葉も使われていたんだ。他人を助け、支えることを支援と

いうよね。一方で、投資ってどういう意味かわかる？
⇒将来の利益のためにお金をつぎ込むこと

⊙この時の3.2兆円の中には、将来の利益のためにアフリカ州につぎ込む日本企業のお金も含まれているんだ。なぜ日本企業は、アフリカ州で利益を得ようとしているの？ なぜ成長が期待できるの？ ⇒成長が期待できる地域だから、人口が急増するから

⊙アフリカ大陸の人口は、2000年に約8億1,400万人だったものが、2050年には約24億7,800万人に急増するとの予測がある。それに伴って、1人あたりのGDPは717ドルだったものが、2050年には4,846ドルへと拡大する見込みだ。経済成長に加え、アフリカ州には埋蔵量が極めて少ない金属などもあって注目されているけど、このような希少金属のことを何というの？ ⇒レアメタル

⊙その後も多額の拠出を表明したし、実際にアフリカ州に進出している日本企業の拠点数は増加している。ただ、日本には強力なライバルもいるんだよ。どこだと思う？ ⇒中国

⊙中国は日本以上に拠出しているし、中国企業の進出も活発だ。南アフリカでは公立学校の小学4年から高校3年の子どもたちが、中国語を選択科目として学べるようにするなど、関係を深めている。

アフリカ州に進出している日本企業の拠点数

2010年	520
2011年	562
2012年	560
2013年	584
2014年	657
2015年	687
2016年	738
2017年	796

アフリカの人口と1人あたりのGDP

	2000年	2050年予測
人　口	約8億1,400万人	約24億7,800万人
1人あたりのGDP	717ドル	4,846ドル

近年のアフリカ州への拠出表明

	日　本	中　国
2012年		200億ドル
2013年	320億ドル	
2014年		
2015年		600億ドル
2016年	300億ドル	
2017年		
2018年		600億ドル
2019年	200億ドル	

アフリカの経済
モノカルチャー経済
→一部の輸出品にたよる不安定な経済
⇓
最後のフロンティア
日本は巨額の支援
→人口急増、経済成長、資源など
⇓
中国による巨額の投資
→中国語教育（南アフリカ）など

23 北アメリカの自然

1.地形

◎北アメリカ州、まずは最初なので、地形について調べてみよう。

＊アジア州と同じように、ロッキー山脈、グレートプレーンズ、プレーリー、
　ミシシッピ川、五大湖、アパラチア山脈、フロリダ半島、メキシコ湾など、
　北アメリカ州の地形について、授業プリントを配布し、調べさせる。

＊写真を提示しながら、地形について確認していく。

◎ロッキー山脈って、標高がどのくらいあるかな。最高峰は、アメリカのコロ
　ラド州にあるエルバート山で4,401mもあるんだ。富士山が3,776mなので、
　ロッキー山脈は北アメリカ州の西部にそびえる大山脈であることがわかるね。
　写真を見ても、岩肌が露出した標高の高そうな山脈だ。一方、東部にあるア
　パラチア山脈の標高はどのくらいかな。だいたい1,000m前後の山が多く、
　最高峰のミッチェル山でも2,037mだ。島根県の最高峰の安蔵寺山、標高が
　どのくらいか知ってる？⇒1,263m

◎つまり写真で見てもわかるとおり、アパラチア山脈って、普段みんなが眺め
　ているような西中国山地の景観とそんなに変わらないんだろうね。同じ山脈
　ではあるけど、ロッキー山脈とアパラチア山脈は、その容姿は大きく異なる
　んだ。

2.人口

◎北アメリカ州には、どのあたりに人口が多いのだろうか？⇒大西洋や太平
　洋の沿岸など

◎大都市は大西洋や太平洋の沿岸の他、五大湖周辺など、どちらかというと東
　部に多い。どうして西部には都市が発達しないの？⇒ロッキー山脈などが
　あるから

◎西部にはロッキー山脈の他、砂漠が広がる地域もあり、人々がくらすには厳
　しい環境が多い。それに対して東部は気候も温暖で、適度な降水量もある地
　域が多いので都市が発達するんだ。こうした気候に関連して、近年メキシコ
　湾岸では猛烈な熱帯低気圧の被害に遭うことも多い。地球温暖化の影響もあ
　るんだろうけど、この熱帯低気圧を何というの？⇒ハリケーン

◎ハリケーンに関連して、他の熱帯低気圧についても確認しておくね。日本列
　島周辺の太平洋などで発生する熱帯低気圧を何というの？インド洋などで発
　生する熱帯低気圧を何というの？⇒台風、サイクロン

3. 4大スポーツ

- 最後にアメリカのテレビ番組から、社会の一面を確認しておくね。アメリカの歴代高視聴率番組トップ15のうち、4、5、7、9、11〜15位までは、あるスポーツイベントなんだけど、このスポーツは何だと思う？ ⇒アメリカンフットボール
- プロのアメリカンフットボールのリーグである、NFLの全米チャンピオンを決めるのが、スーパーボウルだ。視聴率が高いため、番組内で放送されるCM広告料も上昇し続けている。30秒のCM広告料、いくらだと思う？ ⇒500万ドル
- 2016年にCBSというテレビ局が設定した広告料は、前年よりも50万ドルも高い500万ドル、日本円にして約5億7,500万円だ。アメリカンフットボールの人気の高さがよくわかるね。この他に、4大スポーツといわれるものには、どんなスポーツがあるの？ ⇒バスケットボール、野球、アイスホッケー
- 1年を通して、少しずつ時期をずらしながら楽しめるのが、これら4大スポーツなんだ。

アメリカの歴代高視聴率番組トップ15

順位	番組名	送年	放送局	平均視聴率
1位	マッシュ最終回（ドラマ）	1983年	CBS	60.2%
2位	ダラス（ドラマ）	1980年	CBS	53.3%
3位	ルーツ第8話（ドラマ）	1977年	ABC	51.1%
4位	第16回スーパーボウル	1982年	CBS	49.1%
5位	第17回スーパーボウル	1983年	NBC	48.6%
6位	リレハンメル五輪フィギュアスケート女子テクニカルプログラム	1994年	CBS	48.5%
7位	第20回スーパーボウル	1986年	NBC	48.3%
8位	風と共に去りぬ第1部（映画）	1976年	NBC	47.7%
9位	第49回スーパーボウル	2015年	NBC	47.5%
10位	風と共に去りぬ第2部（映画）	1976年	NBC	47.4%
11位	第12回スーパーボウル	1978年	CBS	47.2%
12位	第13回スーパーボウル	1979年	NBC	47.1%
13位	第46回スーパーボウル	2012年	NBC	47.0%
14位	第48回スーパーボウル	2014年	FOX	46.7%
15位	第50回スーパーボウル	2016年	CBS	46.6%
	ボブ・ホープ・クリスマスショー	1970年	NBC	46.6%

（2016年2月8日現在）

――― 地形と気候 ―――

ロッキー山脈やアパラチア山脈
　→中央部にプレーリーやミシシッピ川
　　　⇓
――― 人口 ―――
大西洋などの沿岸に大都市
　→メキシコ湾岸でハリケーンの被害
　　　⇓
　スーパーボウルに熱狂
　　→アメフト、バスケ、野球、アイスホッケー（4大スポーツ）

24 アメリカの農業

1. 世界の食料庫

⊙納豆の原材料は何？　この大豆、どこ
　で生産されていると思う？　⇒大豆、
　アメリカまたはカナダ

名　称	納豆
原材料名	丸大豆（アメリカまたはカナダ）（遺伝子組み換えでない）、米粉、納豆菌【たれ】たん白加水分解物、砂糖、しょうゆ、食塩、かつお節エキス、調味料（アミノ酸等）、アルコール、（原材料の一部に小麦を含む）
内 容 量	納豆（45 g×3）、たれ（5.1 g×3）
賞味期限	上面に記載
保存方法	冷蔵庫（10℃以下）で保存してください
販 売 者	○○○○○○株式会社（製造所固有記号は上面右下に記載）

＊納豆の包装フィルムを提示し、確認
　するのもよい。

⊙アメリカまたはカナダで生産された大豆が、日本へと輸出されているんだね。
　この時間は、アメリカの農業について学ぶことにするね。大豆の生産量、ア
　メリカは第何位なの？　輸出量は？　⇒1位、1位

⊙日本へ輸出される大豆の何％がアメリカで生産されたものなの？　⇒73.0％
　（2017年）

⊙大豆以外に、生産量や輸出量が1位の農産物って何？　⇒とうもろこし

⊙この他にも小麦や綿花などが、世界有数の生産国であり、輸出国だ。だから
　アメリカのことを、「世界の食料庫」ともいうんだ。なぜアメリカは、農産
　物をこんなに大量に生産し、輸出できるの？　⇒大規模、機械化など

⊙アメリカの国土は日本の約25倍で、農地も広大だ。大型機械も導入しやすい。
　例えば小麦の場合、専門の企業が大型コンバインで収穫する。収穫が終われ
　ば、コンバインをトラックに積み込んで、次の畑に移動し、再び収穫する。
　こうした移動距離は、北海道から沖縄の距離よりも長いんだ。

⊙教科書の中にアメリカの農業地域の資料があるよね。この資料のように、気
　候や土壌などの自然環境に合わせた農業がおこなわれているんだけど、この
　ことを何というの？　⇒適地適作

⊙この資料を参考に、授業プリントの1と2の農産物をそれぞれ記入しよう。
　＊1. 小麦、2. 綿花

2. アグリビジネス

⊙ところでアメリカでは、農業用機械、種子、農薬、肥料などを含め、農業に
　関連したビジネスが発達しているんだけど、こうしたビジネスを何という
　の？　⇒アグリビジネス

⊙アグリビジネス企業のうち、穀物を買い取ったり、加工や輸送したりする多
　国籍企業は、世界の穀物価格などに大きな影響を与えているんだけど、この
　企業を何というの？　⇒穀物メジャー

⊙もう１度、納豆の原材料を確認してみよう。この表示を見て、何か気になることない？　⇒遺伝子組み換えでない

⊙遺伝子を組み換えた農産物って、どういうことかな。あるアグリビジネス企業は、遺伝子工学で１年しか発芽しない種子を開発し、その種子が自社の農薬にだけ耐えられるような遺伝子の組み換えに成功した。遺伝子を組み換えた種子と農薬のセット販売の売り上げは好調で、瞬く間にアメリカの大豆畑の６割を占めるようになった。ただ数年経てば、雑草も少しずつ農薬に耐えられるようになるため、その後は農薬の使用量が増えることになる。安全性が心配だね。納豆の原材料表示に「遺伝子組み換えでない」ってあったけど、日本のスーパーで販売されている食品のうち、遺伝子を組み換えた原料が使用された食品は何％だと思う？　⇒約60％

⊙日本に輸入されるしょう油や味噌、油、酢、コーンフレークなどには、遺伝子組み換えかどうかの表示義務がないので、これらの食品の約60％に遺伝子を組み換えた原料が使用されているそうだ。大豆に限ると、輸入された大豆の何％が遺伝子を組み換えたものだと思う？　⇒約92％

⊙輸入された大豆や菜種の約92％、どうもろこしの約78％が遺伝子を組み換えたものであるという事実、ほとんどの消費者が知らないんじゃないかな。

＊遺伝子の組み換えについては、堤未果『日本が売られる』（幻冬舎新書）に詳しい。

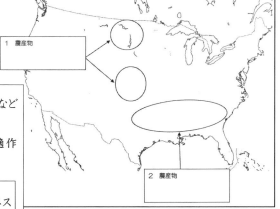

┌─ 世界の食料庫 ─┐
大豆、とうもろこし、小麦、綿花など
→世界有数の生産、輸出
＊大規模、機械化、適地適作
⇓
┌─ アグリビジネス ─┐
種子、農薬など農業関連ビジネス
→影響力のある穀物メジャー
⇓
遺伝子組み換え農産物
→輸入された大豆の約92％
＊安全性への不安

25 アメリカの工業

1. 五大湖周辺

◎以前、ヨーロッパ州の学習の中で、「鉄は国家なり」とか「鉄は産業の米」
　という言葉を紹介したことを覚えているかな。製鉄業が近代国家の基礎をな
　すという意味で使われていたね。製鉄業に必要な原料が2つあったけど、何
　と何か覚えてる？ ⇒鉄鉱石と石炭

◎鉄鉱石と石炭の他、覚えておくべき鉱産資源、あと1つは何だった？ ⇒石油

◎鉄鉱石が取れるところを何というの？ 石炭は？ 石油は？ ⇒鉄山、炭田、油田

◎まず最初に、アメリカの工業の様子をまとめた授業プリントを配るので、調
　べてみよう。

＊1. アパラチア、2. デトロイト、3. ピッツバーグ、4. メサビ、5. サンフランシスコ、
　6. シリコンバレー、7. ロサンゼルス、8. ヒューストン、9. メキシコ

◎アメリカの工業は、まず五大湖周辺で発達したんだよ。近代国家の基礎をな
　す製鉄業が発達したのは、何という都市？ 自動車工業は？ ⇒ピッツバーグ、
　デトロイト

◎ピッツバーグを本拠地にするアメリカンフットボールチームの愛称は、「鉄
　の男たち」という意味のスティーラーズだ。これまで6度のスーパーボウル
　チャンピオンに輝いた名門チームだ。ピッツバーグで鉄鋼業が発達したのは、
　鉄鉱石と石炭があったからだよね。何という鉄山と炭田？ ⇒メサビ鉄山と
　アパラチア炭田

◎アパラチア炭田はすぐ近くだけど、メサビ鉄山は少し離れている。鉄鉱石を
　どうやって運ぶの？ ⇒五大湖の水運

◎デトロイトは、GM、フォード、クライスラーの「ビッグ3」が周辺に拠点を
　置いた都市だ。しかし、2009年にGMとクライスラーが相次いで経営破綻、さ
　らに2013年、デトロイトが財政破綻してしまった。

2. サンベルト

◎五大湖周辺の工業生産がその地位を低下させる一方、1970年代以降に北緯37°
　以南の地域で工業生産が伸びてきたんだ。こうした地域のことを何という
　の？ ⇒サンベルト

◎小学生の時に学んだと思うけど、日本で工業が発達した地域のことを何とい
　うの？ ⇒太平洋ベルト

◎同じように、北緯37°以南で太陽が輝く温暖な地域なのでサンベルトだ。特

に航空宇宙産業やコンピュータ関連産業などの先端技術産業が発達している。サンフランシスコ郊外にある、先端技術産業に関わる大学や研究機関、ICT関連企業が集中した都市を何というの？ ⇒シリコンバレー

◉シリコンバレーには、みんなも知っているような企業の本社がたくさんあるよ。どんな企業があると思う？ ⇒グーグル、アップル、フェイスブック、ヒューレット・パッカードなど

＊企業のロゴを黒板に貼りながら対話するのもよい。例えば、ヒューレット・パッカードという企業を知らなくても、ロゴは見たことがあるという生徒はいる。

◉こういう世界的に活動している企業を何というの？ ⇒多国籍企業

◉この他にも、ヒューストンでは、メキシコ湾岸油田で産出される石油を利用した石油化学工業が発達している。そういえば、かつてヒューストンに本拠地を置いたアメリカンフットボールチームの愛称はオイラーズだった。オーナーが石油王だったそうだ。

◉ところで、すっかりさびれてしまった五大湖周辺、サンベルトに対してラストベルトというんだ。鉄鋼業だけに錆（rust）ついたというわけだ。2016年、このラストベルトで「雇用をアメリカに取り戻す」と訴え、支持を集めたのがあの人だ。誰だと思う？ ⇒トランプ大統領

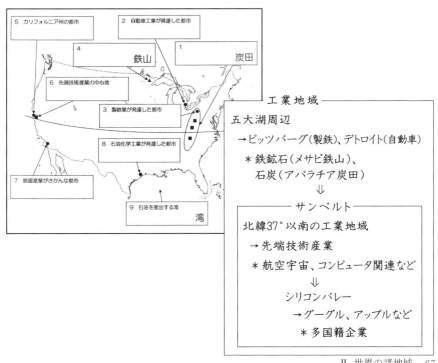

5 カリフォルニア州の都市
2 自動車工業が発達した都市
4 鉄山
1 炭田
6 先端技術産業の中心地
3 製鉄業が発達した都市
8 石油化学工業が発達した都市
7 映画産業がさかんな都市
9 石油を産出する湾
湾

工業地域
五大湖周辺
→ピッツバーグ（製鉄）、デトロイト（自動車）
＊鉄鉱石（メサビ鉄山）、
　石炭（アパラチア炭田）
⇓
サンベルト
北緯37°以南の工業地域
→先端技術産業
＊航空宇宙、コンピュータ関連など
⇓
シリコンバレー
→グーグル、アップルなど
＊多国籍企業

26 移民の国(1)

1．ネイティブ・アメリカン

⊙2018年2月14日、フロリダ州の高校で、19歳の元生徒が銃を乱射し、17人が死亡する事件が起きた。2018年におけるアメリカの学校での発砲事件、この2月14日の時点で何件目だと思う？ ⇒18件目

⊙2018年がスタートしてわずか1か月半、しかも学校で18件もの発砲事件、信じられないかも知れないけど、これもアメリカの姿なんだ。銃社会も含めて、アメリカという国について考えてみよう。

⊙アフリカ大陸で誕生した人類は、その後世界各地へと移動する。この中で北極圏に定住し、アザラシなどの生肉を食べる人々のこと、すでに学んだよね。こういう民族を何というの？ ⇒イヌイット

⊙南北アメリカ大陸の存在は、長くヨーロッパ州の人々に知られていなかった。詳しくは歴史で学ぶけど、15世紀、ヨーロッパ州の人々はインドなどアジアとの交易を求めて海へと乗り出した。大西洋を西へ向かえばインドに到達すると考えたけど、当然そこには南北アメリカ大陸があり、人々が住んでいるよね。ここに住んでいた先住民のことを何というの？ イヌイットやインディアンといった、アメリカの先住民のことを何というの？ 教科書の資料によると、アメリカの人種・民族のうち、ネイティブ・アメリカンは何％を占めるの？ ⇒インディアン、ネイティブ・アメリカン、0.7％

⊙今でも西インド諸島という地名が残っているので、地図帳で探してみよう。

2．移民

⊙アメリカの人種・民族のうち、最も多いのはどんな人々？ 何％を占めるの？ ⇒ヨーロッパ系、63.9％

⊙南北アメリカ大陸の存在を知ったヨーロッパ州の人々、やがて移住してくることになるんだけど、この人々が現在のいわゆる白人のご先祖だ。その後イギリスの植民地となっていたアメリカは、1775年からの独立戦争に勝利し、建国される。ところでアメリカの国旗、星の数は何を表しているの？ いくつあるの？ 赤と白のラインは何を表しているの？ ⇒現在の州の数、50、建国当時の州の数

⊙建国した当時、東部に13州しかなかった。だから建国した当時の国旗の星の数も13だ。その後西部へと開拓を進め、1959年までに星の数は48までに増えた。さらに2つ追加さ

れ、現在の国旗となっている。この２つの州はどこ？ ⇒アラスカ州とハワイ州

⊙西部への開拓の過程で、当然ネイティブ・アメリカンと衝突し、銃を使用する。こうした建国の歴史もあって、アメリカでは武器を持つ権利が憲法で認められている。アメリカには何丁くらい銃があると思う？ ⇒約３億丁

⊙１人あたり1.2丁の銃が存在することになる。発砲事件が起きるたびに銃規制の声は高まるけど、強力な政治力を持つ全米ライフル協会は、武器を持つ権利を理由にこうした規制を阻むんだ。

⊙一方、以前学んだとおり、いわゆる黒人はアフリカ系の移民たちの子孫だね。何％いるの？ ⇒12.3％

⊙アフリカ系が20％以上も占める州を授業プリントに示したので、色を塗ってみよう。

⊙以前学んだ、農業地域と比べてみて、何か気づくことないかな？ ⇒綿花地帯と一致する

⊙綿花をはじめとするプランテーションで、奴隷労働を担わせるためにアフリカから送られた歴史の名残だね。かつてアメリカでは、人種差別が合法化されていて、黒人を中心とする人々が市民としての平等を求める公民権運動に立ち上がった。この運動を率い、「I have a dream（私には夢がある）」という演説で有名な人物、知ってるかな？ ⇒マーティン・ルーサー・キング・ジュニア

⊙いわゆるキング牧師だ。キング牧師たちの運動が実を結び、1964年に公民権法が成立した。その後のキング牧師について知ってることないかな？ ⇒銃によって暗殺

┌─ 多民族国家 ─

ネイティブ・アメリカン

　→イヌイットやインディアン
　　　　　⇓
　　┌─ 移　民 ─
　・ヨーロッパ系（白人）
　　→15世紀以降に移住
　＊イギリスとの独立戦争（1775〜）に
　　勝利し、アメリカ建国
　・アフリカ系（黒人）
　　→綿花地帯の奴隷

27 移民の国(2)

1. 人種のサラダボウル

◎この写真を見て、どんなことに気づくかな。どんな人が写ってるの？ ⇒ヨーロッパ系やアフリカ系、アジア系など

＊アメリカへの移民の宣誓式の写真を提示する。

◎ヨーロッパ系やアフリカ系など、多様な人々が写っているね。何をしているのかな？ ⇒宣誓

◎アメリカ国旗を持ち、手を胸にあてているから、何かを誓っているんだね。何を誓っているのだろうか？ ⇒アメリカへの忠誠

◎この写真、人々がアメリカへの忠誠を誓っている宣誓式のようすなんだ。なぜ忠誠を誓うのかというと、すべてアメリカへの移民だからだ。アメリカというのは、学んできたようにヨーロッパ系やアフリカ系など、移民を受け入れることで成り立ってきた国だ。比較的市民権を得やすかったため、さまざまな人種や民族がこの国でくらしている。だからアメリカのことを、さまざまな野菜が入っているサラダボウルに例えて「人種のサラダボウル」というんだ。

2. ヒスパニック

◎移民を受け入れることで成り立ってきたはずのアメリカなんだけど、近年そのようすが変化しつつある。前の時間に、アメリカの人種・民族構成の資料を確認したけど、まだ取り上げていない人々がいた。この人々を何というの？ 何％を占めるの？ ヒスパニックって、どんな人々なの？ 何語を話すの？ ⇒ヒスパニック、16.3％、メキシコなどからの移民、スペイン語

◎次の南アメリカ州でも学ぶけど、中南米の国々の多くは、スペイン語を公用語としている。ヒスパニックたちは、独自のコミュニティを形成することも多い。もちろん合法的に国境を越える移民もいるけど、近年問題となっているのは不法移民の存在だ。不法移民の出身地で、最も多いのはどこの国なの？ 越境を阻む、メキシコとの国境にある川を何というの？ ⇒メキシコ、リオグランデ川

◎やはり隣接するメキシコが最も多くて、不法滞在者約1,110万人のうち、52.7％にあたる約585万人がメキシコ出身だ。不法移民たちは多くのルートで入国するけど、最も一般的なのは、警備の薄い内陸部の砂漠を通る方法だ。ただ、炎天下で倒れたり、毒蛇にかまれたりして命を落とす人も少なくない。

なぜ危険を冒してまで入国しようとするの？　⇒経済格差

⊙2015年における１人あたりのGDPは、アメリカが約５万6,000ドルなのに対し、メキシコは約9,500ドルだ。メキシコ１週間分の収入が、アメリカでは１日か２日ほど働けば稼げる。雇う側も安い労働力は魅力的だ。清掃作業や建設現場、ファストフード店の従業員など、単純労働の多くを、こうした不法移民が担う。不法移民であっても、採用で問題になることはまずないそうだ。こうした不法移民がいなければ、アメリカ経済が立ちゆかなくなるからだ。特に不法移民が多い州はどこ？　⇒カリフォルニア州やテキサス州

⊙メキシコに隣接していることもあって、カリフォルニア州やテキサス州は、ケタ違いに多い。特にカリフォルニア州では、不法移民であっても運転免許証が取得できるけど、こうした環境も260万人という数値に影響しているだろう。ただ、「不法移民が治安を悪化させて雇用を奪っている」と訴えた人物がいる。誰だかわかる？　⇒トランプ大統領

⊙トランプ大統領はメキシコとの国境に壁を建設し、費用はメキシコに負担させると公言した。いわゆる「トランプの壁」だ。こうした壁の建設、みんなはどう思うかな。

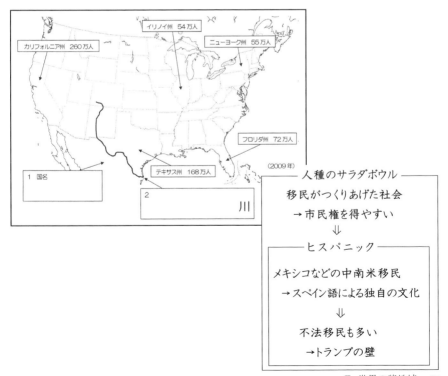

イリノイ州　54万人

ニューヨーク州　55万人

カリフォルニア州　260万人

フロリダ州　72万人

（2009年）

テキサス州　168万人

1 国名

2 　　　　川

人種のサラダボウル
移民がつくりあげた社会
→市民権を得やすい
⇓
ヒスパニック
メキシコなどの中南米移民
→スペイン語による独自の文化
⇓
不法移民も多い
→トランプの壁

28 南アメリカの自然と文化

1. 自然

◎南アメリカ州について、いつもと同じように、まずは地形から調べてみよう。

＊アンデス山脈、アマゾン川、ラプラタ川、パンパに加え、ブラジルやアルゼンチン、チリなど、国名について、授業プリントを配布し、調べさせる。

＊写真を提示しながら、地形について確認していく。

◎以前学んだように、南アメリカ州の西部を貫くのがアンデス山脈だったよね。富士山の山頂よりも高い場所でくらしている人も多かった。この地域の先住民を何というの？ ⇒インディオ

◎北アメリカ州ではインディアンだったね。南アメリカ州ではラテン語に変化してインディオだ。なぜラテン語なのかは、後ほど説明するね。

◎アマゾン川流域には、広大な熱帯林が広がる。ここには多様な生物が生息し、新種の生物が発見されることも多い。地球上に存在する種の何％が生息していると思う？ ⇒約25％

2. 文化

◎北アメリカ州では、アメリカンフットボールの人気が高かったけど、南アメリカ州で人気のスポーツは何だと思う？ サッカー王国といえば、どこの国？ ⇒サッカー、ブラジル

◎男子サッカーワールドカップは、1930年の第1回大会以来、これまで21回ほど開催されている。このうち南アメリカ州の国が優勝したのは、合計何回？ ⇒9回

◎ブラジルが歴代最多の5回、ウルグアイとアルゼンチンがそれぞれ2回で、合計9回だ。これは12回の優勝を誇るヨーロッパ州に次ぐ多さだし、そもそも優勝国は南アメリカ州とヨーロッパ州からしか出ていない。サッカー王国のブラジルでは、国民的スポーツとして根づき、ストリートやビーチなどでも人々がサッカーに親しむ。これほどまでにサッカーが根づくきっかけとなったのは、南アメリカ州の歴史と関係が深い。かつて南アメリカ州を植民地にしたヨーロッパ州の国はどことどこ？ スペインとポルトガルって、何系の民族だったの？ ⇒スペインとポルトガル、ラテン系

◎先ほどのインディオはラテン語だったね。かつてアンデス山脈の中に繁栄した都市マチュピチュは、何という帝国にあったの？ インカ帝国はどこによって滅ぼされたの？ ⇒インカ帝国、スペイン

⊙中南米の多くがスペイン語を公用語としているのは、こうした植民地の歴史と関係があるからだ。北アメリカ州で学んだように、アメリカへのメキシコなどからの移民もスペイン語を話していたね。この移民を何といったの？
　⇒ヒスパニック
⊙ただポルトガルが植民地とした国が1か国だけあって、この国の公用語はポルトガル語だ。この国はどこ？ ⇒ブラジル
⊙南アメリカ州では、先住民と移民との混血も進んでいるけど、こうした混血の人々を何というの？ ⇒メスチーソ
⊙アフリカ州から奴隷として連れてこられた人々も含め、多様な背景から独特の文化がかたちづくられたのが南アメリカ州だ。リオのカーニバルが有名だけど、ブラジル独特のリズムを何というの？ アルゼンチンではダンスで奏でられる独特のリズムがあるけど、このリズムを何というの？ ⇒サンバ、タンゴ
⊙かつて「だんご3兄弟」が流行ったけど、あのリズムがタンゴなんだろうね。「だんご」と「タンゴ」がかけてあると思うよ。
＊「だんご3兄弟」を聞かせながら説明してもよい。

男子サッカーワールドカップ歴代優勝国

1930年	ウルグアイ	1978年	アルゼンチン
1934年	イタリア	1982年	イタリア
1938年	イタリア	1986年	アルゼンチン
1942年	戦争のため中止	1990年	西ドイツ
1946年	戦争のため中止	1994年	ブラジル
1950年	ウルグアイ	1998年	フランス
1954年	西ドイツ	2002年	ブラジル
1958年	ブラジル	2006年	イタリア
1962年	ブラジル	2010年	スペイン
1966年	イングランド	2014年	ドイツ
1970年	ブラジル	2018年	フランス
1974年	西ドイツ		

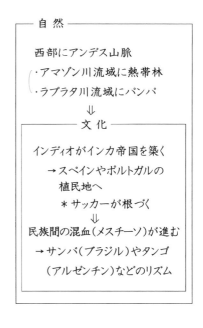

　自然
西部にアンデス山脈
・アマゾン川流域に熱帯林
・ラプラタ川流域にパンパ
　⇓
　文化
インディオがインカ帝国を築く
　→スペインやポルトガルの
　　植民地へ
　＊サッカーが根づく
　⇓
民族間の混血（メスチーソ）が進む
→サンバ（ブラジル）やタンゴ
　（アルゼンチン）などのリズム

29 ブラジルの経済成長

1. 産業

⊙2001年のGDPランキング、日本はアメリカに次いで、世界2位の経済大国だった。ところが10年後の2011年、ある国に抜かれ、3位に後退したよね。日本を抜いた国はどこだった？ ⇒中国

⊙同じ2011年、2001年にはトップ10に入っていなかった11位のある国が7位にランクインした。この国はどこだと思う？ ⇒ブラジル

⊙近年ブラジルは経済成長を遂げているんだけど、そんな姿について学んでいこう。ブラジルって、あまりなじみがないかもしれないけど、島根県内では近年ブラジル人が急増していること知ってるかな。2018年9月現在、全国有数の3,332ものブラジル人がくらしているのが出雲市だ。市内にある電子部品を製造する工場の雇用拡大に伴って急増したものだ。なぜ日系ブラジル人が労働者として雇われているのかは、後ほど説明するね。

⊙ところで、ブラジルには1908年から移住がはじまった。日本の農村の貧困解消を目的としたもので、これまでに約25万人が海を渡った。移民たちの多くはどういう仕事に就いたと思う？ ⇒コーヒー農園の労働者

⊙ブラジルのコーヒー生産って、世界第何位？ 1970年には、ブラジルからの輸出品の何%を占めていたの？ このように一部の農産物や鉱産資源の輸出に頼った経済を何といったの？ ⇒1位、35.9%、モノカルチャー経済

⊙コーヒー農園の労働者として雇われた移民たち、低賃金と重労働に苦しんだけど、個人や団体で土地を購入し、自作して成功するケースも多くみられるようになった。戦争をはさんで1973年まで移民が続いたが、やがて日本はバブル景気を迎え、逆に日系人たちの子どもや孫世代が出稼ぎとして来日し、日本経済を支えることになる。現在、出雲市などで日系ブラジル人が急増しているのは、日系4世の労働を認めるような制度がはじまったからだ。

2. 輸出品の変化

⊙1970年における輸出品の35.9%はコーヒーだったけど、教科書の資料を確認すると2015年には大きく変化しているよね。何を輸出するようになったの？ それぞれの割合は何%なの？ ⇒大豆11.0%、機械類8.0%、肉類7.5%、鉄鉱石7.4%、原油6.2%、自動車4.9%

⊙もちろんコーヒーも輸出しているけど、輸出品の上位にはなってないよね。上位になっているのは、農畜産物、原料、工業製品だ。ブラジルはモノカル

チャー経済から脱し、経済成長を遂げている。だからGDPも7位にランクインした。こうした経済成長を背景に、2014年にはビッグイベントを開催したけど、ビッグイベントって何？ さらに2年後の2016年にもビッグイベントを開催したけど、このイベントは何？ ⇒男子サッカーワールドカップ、リオデジャネイロオリンピック

⊙ ただ、ブラジル国内では、こうしたビッグイベントに反対する人々も多く、大規模なデモも起こった。なぜデモが起こったの？ ⇒経済格差

⊙ 本来、教育や医療などに回されるはずの資金が、こうしたビッグイベントに関連したインフラ整備などに使われたんだ。経済格差なども深刻で、人口約2億人の2割にあたる約4,000万人が、1日2ドル（約200円）以下でくらしている。こうした人々の多くは、居住環境の悪い地域でくらしているけど、こうした地域を何というの？ ⇒スラム

⊙ こうしたスラムでくらす人々は、リオデジャネイロだけで約140万人もいるんだ。

ブラジルへの移民の歴史

1908 年	最初の移民船がサントスに到着
1929 年	アマゾンへ移住開始
1941 年	第2次世界大戦のため移民受け入れ停止
1942 年	日本とブラジルの国交断絶
1945 年	ブラジルが日本に宣戦布告
1951 年	日本とブラジルの国交回復
1953 年	移民受け入れ再開
1973 年	移民船による移住廃止
1990 年	日本の法律改正で日本への出稼ぎが急増
2018 年	日本で日系4世の労働を認める制度開始

産　業

世界一のコーヒー生産

→日本からの移民の多くが労働者へ
（1908～）

＊1970年には輸出品の35.9%

⇓

輸出品の変化

農畜産物、原料、工業製品

→モノカルチャー経済を脱して経済成長

⇓

W杯（2014）やリオ五輪（2016）

→経済格差から反対デモ

＊スラムにくらす人々も多い

GDP ランキング

	2001 年	2011 年
1位	アメリカ	アメリカ
2位	日本	
3位	ドイツ	日本
4位	イギリス	ドイツ
5位	フランス	フランス
6位	中国	イギリス
7位	イタリア	
8位	メキシコ	イタリア
9位	カナダ	インド
10位	スペイン	ロシア

30 アマゾンと環境問題

1.アマゾン
- 前の時間に学んだように、ブラジルはモノカルチャー経済を脱し、さまざまな品目を輸出できるようになったけど、このうち代表的な農畜産物にはどんな品目があったの？ ⇒大豆、肉類
- 大豆の生産量、ブラジルは世界第何位？ 牛の飼育頭数は、世界第何位？ ⇒2位、1位
- こうした農畜産物の生産や輸出を可能にした原因を含め、環境問題について考えてみよう。
- 降った雨や雪が流れ込む範囲の面積を流域面積というけど、この流域面積が最大の川を何というの？ ⇒アマゾン川
- アマゾン川流域には、広大な熱帯林であるアマゾンが広がっている。その面積は約400万km²にも及び、日本列島の10倍以上の広さがあった。多様な生物が生息とともに、光合成のはたらきで地球上に酸素を供給してくれるため、「地球の肺」や「気候安定装置」といわれている。かつて先住民たちは、小規模に森林を焼き払い、その灰を肥料として作物を栽培していたけど、こういう農業のことを何というの？ ⇒焼畑農業

2.環境問題
- ところで、アマゾンにマナウスという都市がある。地図帳で探してみよう。
- アマゾンの中にある、このマナウスの人口、いくらだと思う？ ⇒213万人（2017年）
- アマゾンの中に、200万人を超える大都市って、意外な感じがするよね。1970年には人口31万人だったものが急増し、大都市へと成長した。原因は、税金を優遇したり、工業団地を安く提供したりすることで、企業がマナウスに進出しやすくなったんだ。中国の工業でも学んだけど、こうした地域のことを何というの？ ⇒経済特区
- しかし、人口の急増は市街地を広げることにもなるし、先住民たちの持続可能なくらしも圧迫することになるよね。1970年代以降、アマゾンは失われつつあるけど、400万km²のうち、どのくらいが失われたと思う？ ⇒75万km²以上
- 約5分の1にあたる75万km²以上、日本列島2つ分がすでに消失したことになる。なぜこんなにもアマゾンが消失したかというと、近年大規模な伐採も多く、中には違法なものもあるからだ。木材として価値のあるものは伐採し、

それ以外は焼き払ってしまう。先住民たちの焼畑農業は、10年から50年ほど
で植生が回復するため、持続可能なものだけど、近年の伐採の仕方は持続可
能ではない。焼き払った後に道路を建設し、その道路沿いにあるものがつく
られる。何がつくられると思う？ ⇒大豆畑や牧場

⊙つまりアマゾンの消失によって、ブラジルの代表的な農畜産物が生産されて
いるわけだ。ブラジルで生産された大豆や肉類、どこに輸出されていると思
う？ ⇒日本

⊙日本の大豆の輸入先、アメリカの73.0％に次いで、ブラジルが2位の16.2％
だ。肉類は、アメリカ、タイに次いで、ブラジルが3位の14.4％を占めてい
る。アマゾンが消失すれば、気になることがあるよね。どんなことが気にな
るの？ ⇒CO_2の増加

⊙「地球の肺」や「気候安定装置」が縮小すれば、地球温暖化の原因とされる
CO_2が増加する。日本が間接的にその原因に関わっていることを知ると、な
んだかモヤモヤするよね。

⊙ブラジルでは環境意識への高まりから、サトウキビなどを原料にしたCO_2を増や
さない燃料が普及しているけど、こういう燃料を何というの？ ⇒バイオ燃料

⊙ただ、バイオ燃料を精製するため
に化石燃料を使用しているので、
このあたりに課題が残るんだ。

人口213万人の大都市

大豆の生産量の割合（2016年）

その他 18.6％
アメリカ 35.0％
アルゼンチン 17.6％
ブラジル 28.8％

牛の飼育頭数の割合（2016年）

ブラジル 14.8％
インド 12.6％
アメリカ 6.2％
その他 66.4％

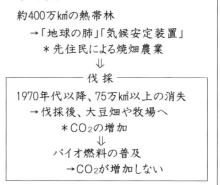

─ アマゾン ─
約400万㎢の熱帯林
→「地球の肺」「気候安定装置」
＊先住民による焼畑農業
⇓
─ 伐採 ─
1970年代以降、75万㎢以上の消失
→伐採後、大豆畑や牧場へ
＊CO_2の増加
⇓
バイオ燃料の普及
→CO_2が増加しない

31 オセアニアの自然

1.オセアニア州

◉アジア州からはじまった世界地理の学習、最後はオセアニア州だね。オセアニア州、まずは地形などについて調べてみよう。

＊ウルル（エアーズロック）やグレートディバイディング山脈に加え、シドニーやメルボルンなどの都市名、ニュージーランド、ミクロネシアなどの国名や海洋の分類名について、授業プリントを配布し、調べさせる。

＊写真を提示しながら、地形などについて確認していく。

◉オセアニア州は、オーストラリア大陸とミクロネシアなどの太平洋の島々から成り立っているんだよね。モアイ像で有名な島を何というか、知ってる？
　　⇒イースター島

＊モアイ像の写真を提示するのもよい。

◉イースター島ってどこにあるか、調べてみよう。イースター島の位置を確認して、何か不思議なことない？　⇒チリなのにポリネシア

◉イースター島って、チリにあるよね。チリは南アメリカ州だ。だけど、イースター島はポリネシア、つまりオセアニア州だ。ハワイも同じだよね。アメリカだけど、ポリネシアっていうのが不思議だね。

◉太平洋の島々、今後気になることってないかな？　⇒地球温暖化による海面上昇の危険性

◉南太平洋にあるツバルという国、サンゴ礁に囲まれた島で、海抜はほとんどが２ｍ以下、最高地点は4.5ｍしかない。地球温暖化によって海面が上昇する危険性が指摘され、今後環境難民の発生が心配されている。

2.オーストラリアの気候

◉ところで、オーストラリアの首都ってどこ？　なぜキャンベラが首都になったの？　⇒キャンベラ、シドニーとメルボルンが首都をめぐって争ったため

◉オーストラリアの南東部には、シドニーとメルボルンという２大都市がある。首都キャンベラが人口35万人あまりなのに対し、これらの都市は、その10倍以上の400万人を超える大都市だ。首都をめぐって争った時、妥協の産物としてその間にあるキャンベラが首都となり、計画的な都市づくりが進められてきた。

◉この布製の地図、以前シドニーで買ってきたものなんだけど、普段眺めている地図と少しようすが違うよね。上下が逆で、南が上になっている。見方を

変えると、印象も変わってく
るね。地図だけではなく、他
にも逆になっているものがあ
るけど、何かわかる？ ⇒季節

⊙地軸が傾きながら公転するた
め、季節が逆になるよね。北
半球でクリスマスは冬だけ
ど、オーストラリアでは夏
だ。サンタクロースがサーフ
ィンしている切手もあるんだよ。

＊季節が逆になるしくみは、地球儀を使って説明してもよい。
⊙そんなオーストラリア、どんな気候かな。内陸の大部分は何
帯？ 南東部や南西部は何帯？ ⇒乾燥帯、温帯
⊙内陸の大部分は乾燥帯で、ウルル（エアーズロック）の周辺
も荒涼とした風景が広がっている。温帯は南東部や南西部な
ど、一部の地域にしかない。この温帯が広がる地域に、シドニーやメルボル
ン、ブリスベン、パースなどの都市が発達する。そして北部には熱帯も広が
るんだ。北半球では北は寒いイメージだけど、オーストラリアでは南が寒い。
そういう感覚も逆なんだね。

```
┌─── オセアニア州 ───────────┐
│                              │
│ ・オーストラリア大陸         │
│ ・太平洋の島々               │
│     →ミクロネシアなど        │
│     ＊地球温暖化による海面上昇 │
│            ⇓                 │
│  ─── オーストラリアの気候 ──┐ │
│  日本とは季節が反対         │ │
│     →内陸の大部分は乾燥帯   │ │
│            ⇓                │ │
│  南東部や南西部は温帯       │ │
│     →人口が集中            │ │
│  ───────────────────────┘ │
└──────────────────────────────┘
```

32 オーストラリアの歴史と産業

1. 白豪主義

⊙オーストラリアといえば、どんな動物が頭の中に浮かぶ？ ⇒カンガルー、
　コアラ、羊など
⊙カンガルー、コアラ、羊のうち、もともとオーストラリアにいなかった動物
　はどれ？ ⇒羊
　＊カンガルー、コアラ、羊の写真を提示しながら問うのもよい。

⊙オーストラリアに羊を持ち込んだ人がいるってい
　うことだよね。誰が持ち込んだのだろうか。ヒン
　トはオーストラリアの国旗（右上）にあるよ。誰
　が持ち込んだの？ ⇒イギリス人

⊙オーストラリアの国旗の一部には、イギリスの国
　旗が描かれているよね。オーストラリアがイギリ
　スの植民地だった名残りなんだ。ニュージーラン
　ド（右下）やツバルなど、オセアニア州にはイギ
　リスの国旗が描かれたものが多いのも同じ理由だ。かつてオーストラリアは、
　イギリスを中心とする白人の移民しか受け入れてなかったけど、こういう政
　策を何というの？ ⇒白豪主義

⊙植民地だったアメリカがイギリスから独立したこと、すでに学んだよね。イ
　ギリスはアメリカに囚人を送り込んできたけど、それができなくなった。そ
　こで目をつけたのがオーストラリアだ。つまりオーストラリアは、イギリス
　の流刑地だったんだ。この囚人船に乗っていた兵士が羊を運び、飼育しはじ
　めたのが1790年のことだ。やがてスペインで普及していたメリノ種の羊を輸
　入し、放牧地を拡大することになる。

⊙ところで、2000年のオリンピック、開催都市がどこだったか、知ってる？
　⇒シドニー

⊙シドニーオリンピックの最終聖火ランナーを務めたのが、陸上競技のキャシ
　ー・フリーマンさんだ。彼女は、その後の女子400mも49秒11で駆け抜け、
　金メダルを獲得している。2019年の島根県の高校総体の男子400mの優勝タ
　イムが49秒30なので、これを上回る記録だね。1997年、はじめて世界選手権
　を制した時、彼女は国旗とともに、もう1つの旗を持ってウイニングランし
　たけど、これは何の旗だと思う？ ⇒アボリジニーの民族旗

⊙彼女はオーストラリアの先住民であるアボリジニーなんだ。イギリス人たち

が入植してきた時、アボリジニーたちを追い払い、広大な土地を得て羊の放
牧をはじめた。

2. 多文化社会

⊙現在、羊の飼育頭数は世界何位なの？ ⇒2位

⊙放牧って、羊だけじゃないよね。日本でもオージービーフがよく知られてい
るけど、牛肉の輸出量は世界何位なの？ ⇒2位

⊙輸出量でいうと、小麦は世界5位だ。輸出用の小麦を栽培する上で、オース
トラリアにはメリットがあるけど、何だと思う？ ⇒北半球と収穫時期が異なる

⊙北半球と収穫時期が異なるため、季節をずらして出荷できるんだ。鉱産資源
も豊富で、北西部で採掘される鉱産資源は何？ 北東部や南東部で採掘され
る鉱産資源は何？ 地表面を削って採掘する方法を何というの？ ⇒鉄鉱石、
石炭、露天掘り

⊙こうした牛肉や小麦、鉄鉱石、石炭などは、主にどこへ輸出されるの？ ⇒
中国や日本など

⊙教科書の資料によると、1965年当時の貿易相手国の1位はどこの国？ 2005
年になると、1位はどこの国になるの？ 2013年になると、1位はどこの国
になるの？ ⇒イギリス、日本、中国

⊙1970年代に白豪主義を廃止し、多くの地域から移民を受け入れるようになっ
た。現在は比較的近いアジアからの移民が増加し、関係を深めている。多文
化社会へと国づくりを進めているんだね。

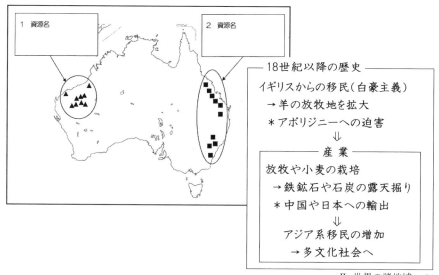

33 九州の自然

1. 地形

⊙この写真、どこの都道府県かな。

＊別府温泉、桜島、博多ラーメンなどの写真を提示しながら問う。

⊙九州地方の風景や食べ物を確認したけど、それぞれの都道府県には旗がある。
この都道府県旗を見せるので、どの旗がどこの都道府県なのかわかるかな。

＊例えば長崎県（上図）はNに平和の象徴である鳩が、鹿
児島県（下図）は桜島を含めた県土がそれぞれ図案化さ
れるなど、生徒たちも想像を働かせながら考えることが
できる。

⊙これから九州地方について学ぶけど、世界地理の学習
の時と同じように、まずは地形について調べてみよう。

＊筑後川、筑紫平野、有明海、雲仙岳、阿蘇山、桜島、
九州山地、宮崎平野など、九州の地形について、授業
プリントを配布し、調べさせる。

＊写真を提示しながら、地形について確認していく。

⊙これからの学習、それぞれの地方について、視点をあてて進めるけど、九州
地方は「自然環境」という視点で学んでいくことにしよう。

⊙先ほど調べた雲仙岳、阿蘇山、桜島、共通点は何？ 火山の噴火による陥没
などで大きなくぼ地ができることがあるけど、こういう地形のことを何とい
うの？ ⇒火山、カルデラ

⊙阿蘇山のカルデラ内に人は住んでいるかな。カルデラ内の人口は何人だと思
う？ ⇒約5万人

⊙かつての大噴火でできたのが阿蘇山のカルデラだ。東西18km、南北25kmと世
界有数の規模で、カルデラ内には約5万人の人々がくらしている。カルデラ
って、島根県にはないかな？ ⇒ある

⊙カルデラは阿蘇山特有の地形というイメージがあるかもしれないけど、三瓶
山や隠岐島前など、案外身近なところにもある地形なんだ。

2. 気候

⊙ところで、沖縄本島にあるこれらのドット（点々）、ある職業の人たちが2
月になると県外から集まる場所なんだけど、どんな職業の人たちだと思う？
⇒プロ野球選手

⊙プロ野球の世界では、2月1日にキャンプがはじまり、"球春"が到来する。2019年には沖縄本島で8球団、久米島と石垣島でそれぞれ1球団の計10球団が沖縄県でキャンプをおこなった。

＊ファイターズは、アリゾナ州（アメリカ）の後、名護市と国頭村（くにがみそん）に移動し、キャンプをおこなった。ジャイアンツとカープは、宮崎県の後、那覇市と沖縄市にそれぞれ移動し、キャンプをおこなった。

⊙沖縄県以外で、多くの球団がキャンプ地として選んでいるのが宮崎県だ。宮崎県は5球団がキャンプをおこなった。つまり12球団のすべてが、沖縄県か宮崎県、あるいはこの両県でキャンプをおこなうんだけど、なぜ沖縄県や宮崎県でキャンプをおこなうの？　なぜ沖縄県や宮崎県は温暖なの？　⇒温暖な気候のため、黒潮などの影響

⊙キャンプインの2月1日といえば、島根県では、まだ真冬だ。しかし、沖縄県や宮崎県は南に位置している上に、沖合を黒潮が流れている影響もあって温暖なんだね。梅雨や台風が通過する時期には降水量も多く、集中豪雨によって洪水や土砂崩れなどの自然災害に悩まされることもある。ただ近年は、地球温暖化の影響もあって、台風の勢力が強いままで北上することも多い。突発的で、どこで起きるか予測困難な局地的な豪雨が頻発しているけど、こういう豪雨を何というの？　⇒ゲリラ豪雨

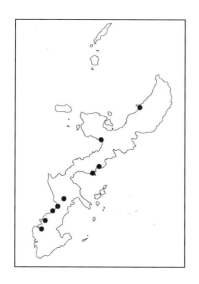

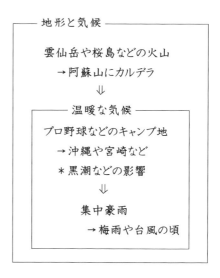

地形と気候

雲仙岳や桜島などの火山
　→阿蘇山にカルデラ
　　　⇓
　温暖な気候
プロ野球などのキャンプ地
　→沖縄や宮崎など
　＊黒潮などの影響
　　　⇓
　集中豪雨
　→梅雨や台風の頃

34 自然の利用

1.温泉と地熱

◉授業プリントの▲は何だと思う？ ⇒火山

◉九州地方には火山が多かったよね。 １～３の火山を何といったの？ ⇒1. 阿蘇山、2. 桜島、3. 雲仙岳

◉九州地方は「自然環境」という視点で学んでいくんだったね。まずは火山という「自然環境」を通して、九州地方を学んでいくことにしよう。火山には噴火のリスクがあるけど、それだけではなく、恩恵を受けてくらしている。火山があることで、どんな恩恵があるの？ 日本一の「おんせん県」として魅力をPRしているのは何県？ ⇒温泉など、大分県

＊「おんせん県」のロゴ（右図）を提示しながら問うのもよい。

◉「おんせん県」のロゴ、湯気が「OITA」になってるね。源泉数と湧出量が日本一の大分は、「おんせん県」として、その魅力をPRしている。大分県にある温泉、知っている温泉があるかな？ ⇒別府温泉や湯布院温泉など

◉別府市は温泉都市として知られ、源泉数と湧出量が日本一だ。行ったことある人もいると思うけど、「海地獄」や「血の池地獄」などの「地獄めぐり」も楽しいよね。近くの高崎山自然動物園やうみたまご（大分マリーンパレス水族館）などを含めた、九州地方でも人気の観光コースだ。火山があることで、温泉を活用した観光が可能になったわけだけど、温泉以外に火山の恩恵ってないかな。授業プリントの◎はなんだと思う？ ⇒地熱発電所

◉以前発電について学んだけど、火力や原子力を使ってタービンを回し、発電していたよね。これらの場所では、地熱を使ってタービンを回しているんだ。大分県や鹿児島県など、国内の地熱発電所の４割が九州地方に集中している。

2.噴火

◉ただ火山があることで、やはり気になるのは噴火のリスクだ。雲仙岳は島原半島にある20以上の山々の総称だ。このうち普賢岳が1991年に噴火し、その火砕流によって消防団員や警察官、報道関係者など、43人が死亡する大惨事となった。この時報道関係者たちは、より迫力のある写真や映像を撮ろうと、普賢岳を真正面にとらえることができた「定点」といわれる場所に集まり、

６月３日の大火砕流の犠牲になった。1996年６月に「噴火終息宣言」が出され、「島原半島」は2009年に地球科学的な価値がある大地の遺産として、ユネスコのあるものに認定されたけど、あるものって何？　⇒世界ジオパーク

⊙地球や大地を意味するGeoと公園を意味するParkを組み合わせた言葉だね。島根県には世界ジオパークってないかな？　⇒ある

⊙島根県は、2013年に「隠岐（おき）」が世界ジオパークに、2017年に「島根半島・宍道湖中海（しんじこなかうみ）」が日本ジオパークに認定されてるよ。「桜島・錦江湾（きんこうわん）」も日本ジオパークだけど、桜島の地図を眺めていて、何か気になることないかな？　⇒島ではない

⊙桜島はもともと島だったけど、1914年の大正大噴火で大隅半島と地続きになったんだ。普賢岳は198年ぶりに噴火したけど、桜島は年間どのくらいのペースで噴火すると思う？　⇒479回（2018年）

⊙2018年に479回、2011年には1,355回を記録するなど、日常的に噴火している。桜島の対岸には鹿児島市があるけど、人口はどのくらいだと思う？　⇒約60万人

⊙日常的に噴火する活火山に隣接し、約60万人もの人々がくらす都市、世界的にもなかなか存在しない。この桜島と共生する人々のくらしについては、次の時間に学ぶことにしよう。

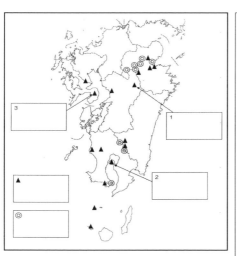

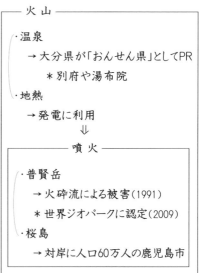

火山
・温泉
　→大分県が「おんせん県」としてPR
　＊別府や湯布院
・地熱
　→発電に利用
　　　⇓
噴火
・普賢岳
　→火砕流による被害（1991）
　＊世界ジオパークに認定（2009）
・桜島
　→対岸に人口60万人の鹿児島市

35 自然と農業

1. 筑紫平野と宮崎平野

⊙九州地方について、「自然環境」の視点で学んでいるけど、九州地方では温暖な気候を利用した特色ある農業がおこなわれている。筑紫平野では、稲作が終わった後に、水田で別の作物を栽培しているけど、何を栽培しているの？ 1年間に米と小麦など、異なる2種類の作物を栽培することを何というの？ 東南アジアなどでは、1年間に稲作を2回おこなうけど、1年間に同じ作物を2回栽培することを何といったの？ ⇒小麦など、二毛作、二期作

⊙宮崎平野では、冬にピーマンなどの夏野菜をビニールハウスで栽培していたけど、こういう栽培を何というの？ ⇒促成栽培

2. シラス台地

⊙ところで、桜島と共生する人々のくらしについて学んでいくんだったね。桜島の小学生たち、あるものを身につけて登下校するけど、あるものって何だと思う？ ⇒ヘルメット

⊙日常的に噴火する桜島、ここの小学生たちは、火山噴出物から身を守るため、ヘルメットを身につけて登下校している。教室にはヘルメットと救命胴衣が常備されているし、校舎の窓は強化ガラスになっている。桜島の人々、降灰による灰掃除が欠かせない。1か月に2～3回は掃除しなければ、住宅の庭や周囲の溝がたいへんなことになる。掃除で集めた灰は「降灰袋（克灰袋）」に入れて所定の場所に出すんだ。2012年には、5,909m³もの灰が採取された。降るのは灰だけではない。小石のような火山レキも降るし、1986年にはホテルに噴石が落下し、フロントに3mもの穴が開く被害もあった。鹿児島県を中心とする九州地方南部は、古い火山噴出物でできた台地が広がっているけど、この台地を何というの？ ⇒シラス台地

⊙この古い火山噴出物をシラスっていうんだ。水分を保ちにくく、栄養分にも乏しい。やせていて農業に適さなかった。ただ、こうした土地でも栽培できる作物があるけど、何かわかる？ ⇒サツマイモ

⊙サツマイモは、シラス台地のようなやせた土地でも

降灰袋と火山噴出物

よく育つため、江戸時代以降にききん対策として広く栽培されるようになった。つまり薩摩、現在の鹿児島県西部から広がったのでサツマイモだ。それではシラス台地の広がる笠野原を地図帳で探してみよう。

⊙ 大隅半島にある笠野原、シラス台地なので水はけがよすぎて農業に適さないので、ここもサツマイモの栽培くらいしかできなかった。しかし、川の上流にダムを建設し、ここから用水路を引くことで、サツマイモ以外の作物が栽培されるようになった。より収益性の高い野菜や茶に加え、飼料用作物の栽培がはじまっている。飼料用作物が栽培できれば、その後どんなことが可能になるの？ ⇒畜産

⊙ 鹿児島県の畜産といえば、何か有名なものを思い出さない？ ⇒黒豚

⊙ 薩摩の黒豚って、聞いたことある人多いんじゃないかな。豚の飼育頭数、鹿児島県は全国何位なの？ ⇒1位

⊙ 鹿児島県が1位で、宮崎県は2位だ。でも畜産って、豚だけではないよね。他にはどんな動物を飼育するの？ ⇒ニワトリや牛

⊙ 食用のニワトリのことをブロイラーっていうけど、ブロイラーの出荷羽数、鹿児島県は全国何位？ 肉牛の飼育頭数は全国何位？ ⇒1位、2位

⊙ ブロイラーは、鹿児島県が1位で、宮崎県が2位だ。肉牛は北海道に次いで、鹿児島県が2位で、宮崎県が3位だ。九州地方南部は、シラス台地を開発し、日本有数の畜産基地として成長を遂げている。

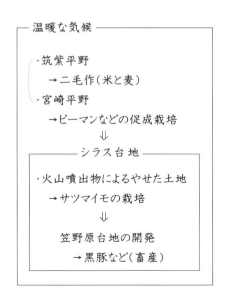

温暖な気候
・筑紫平野
　→二毛作（米と麦）
・宮崎平野
　→ピーマンなどの促成栽培
　⇓
シラス台地
・火山噴出物によるやせた土地
　→サツマイモの栽培
　⇓
笠野原台地の開発
　→黒豚など（畜産）

36 自然と工業

1. 北九州工業地帯

⊙都道府県と同等の権限のある政令指定都市って聞いたことあるかな。全国に
　20ほどある大都市だけど、九州地方には3都市あるんだ。どこだと思う？
　⇒北九州市、福岡市、熊本市

⊙このうち人口が最も多いのはどこだと思う？　⇒福岡市

⊙福岡市は約159万人の人口を抱える九
　州地方最大の都市で、北九州市が約96
　万人、熊本市が約74万人だ。博多駅
　は山陽新幹線の終点であり、九州新
　幹線の起点でもある。福岡空港は市
　街地にあり、博多駅から地下鉄で2
　駅目と、利便性に優れている。福岡
　空港における国際線の就航地から、
　何か気づくことないかな？　⇒アジア
　州が多い

> **福岡空港における国際線就航地**
>
> ソウル、釜山、光州、済州、大邱、
> 台北、高雄、北京、上海、大連、
> 青島、武漢、煙台、福州、深圳、
> 香港、マカオ、マニラ、ハノイ、
> ホーチミン、バンコク、クアラル
> ンプール、シンガポール、グアム、
> ホノルル

⊙九州地方は中国や韓国をはじめとするアジア州の各都市に近く、こうした都
　市にある空港への就航が多いよね。福岡市は、九州地方の中心都市として発
　展を遂げているけど、1978年までは北九州市が最多の人口を誇っていた。北
　九州市は、1963年に合併によって誕生し、三大都市圏以外でははじめて政令
　指定都市に指定されたんだ。1979年に108万人あまりいた人口も、その後減
　少に転じている。こうした北九州市の人口の推移、それはこの都市が歩んで
　きた近代化の歴史と大きく関係している。北九州市は、四大工業地帯である
　北九州工業地帯の中心だったね。四大工業地帯って、この他に何工業地帯が
　あったの？　⇒阪神、中京、京浜工業地帯

⊙北九州工業地帯の中核をなしたのは、1901年にここに建設された、ある製鉄
　所だ。この製鉄所を何というの？　製鉄業に必要な鉱産資源が2つあったけ
　ど、何と何だった？　なぜ八幡に製鉄所が立地したの？　石炭はどこから調達
　したの？　鉄鉱石はどこから調達したの？　⇒八幡製鉄所、石炭と鉄鉱石、鉱
　産資源の調達がしやすかった、筑豊地方、中国

⊙筑豊炭田から石炭を、中国から鉄鉱石を調達できたことが、ここに近代的な
　製鉄所を建設した理由だ。石炭が採掘でき、アジア州に近いという「自然環
　境」を活用したんだね。八幡製鉄所は官営工場、つまり明治政府が建設した

製鉄所だけど、現在は日本製鉄という民間企業になっている。しかも戦後、石炭や鉄鉱石の調達先が変化した。日本はこうした鉱産資源をどこから輸入しているの？　⇒オーストラリア

⊙オーストラリアから輸入すれば、必ずしも北九州市に大規模な製鉄所が立地する必要はないだろう。跡地の一部で運営していたスペースワールドが閉園となったため、2021年には大型複合施設が開業予定だ。そして日本製鉄八幡製鉄所は、2020年4月の組織再編により、八幡製鉄所という名称も消滅してしまった。こうした歴史的背景が、人口減少に影響しているんだ。

2. 近年の工業立地

⊙福岡市と北九州市の間に、宮若市（みやわかし）がある。この宮若市にあるのがトヨタ自動車九州だ。もしかしたら小学生の時に修学旅行で工場見学したかもしれないね。トヨタ自動車九州は、宮若市の他に、北九州市小倉（こくら）や北九州市に隣接する苅田町（かんだまち）に工場がある。苅田町には、日産自動車九州の工場もある。こうした自動車工場の立地には共通点があるんだけど、どんなことがわかる？　近くに高速道路があると、どんなメリットがあるの？　⇒近くに高速道路がある、輸送に便利

⊙教科書の資料をみると、高速道路の近くには自動車工場以外の工場も立地しているね。どんな工場が立地しているの？　⇒IC工場

⊙軽量なICは航空機で輸送することが可能なため、空港の近くにも立地することも多い。アメリカのシリコンバレーになぞらえて、九州地方のことを何というの？　⇒シリコンアイランド

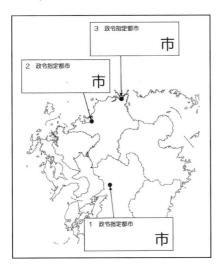

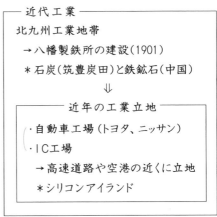

近代工業
北九州工業地帯
　→八幡製鉄所の建設(1901)
　＊石炭(筑豊炭田)と鉄鉱石(中国)
　　　　　⇓
　　近年の工業立地
　・自動車工場(トヨタ、ニッサン)
　・IC工場
　　→高速道路や空港の近くに立地
　＊シリコンアイランド

37 沖縄の自然と産業

1. 自然

⊙都道府県庁所在地と政令指定都市の中で、最も魚介の缶詰を購入している都市はどこだと思う？ ⇒那覇市

⊙那覇市は、1世帯あたり、1年間に5,574円と全国平均の2倍以上の魚介の缶詰を購入している。なぜ那覇市では魚介の缶詰が売れるの？
⇒高温多湿で食材が傷みやすいなど

⊙沖縄の気候は、高温多湿で食材が傷みやすいので、保存性に優れて調理しやすい缶詰が重宝されているんだ。だから逆に、刺身などの鮮魚購入額は全国最下位だ。魚介の缶詰の多くはツナ缶で、チャンプルーやサラダとの相性のよさも購入額を引き上げているようだ。

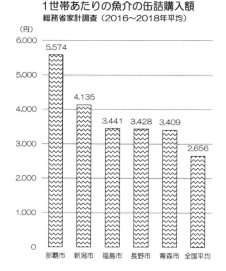

1世帯あたりの魚介の缶詰購入額
総務省家計調査（2016〜2018年平均）

沖縄のこうした高温多湿の気候を何というの？ ⇒亜熱帯性気候

⊙気候帯を学んだけど、寒帯ほどではないが、それに次ぐ寒さを「亜」をつけて亜寒帯といったよね。5つの気候帯には入っていないけど、沖縄は亜熱帯性気候だ。島の周囲には石灰質の岩が広がっているよ。これを何というの？
⇒サンゴ礁

⊙沖縄の伝統的な住宅には台風に備えた石積みの塀があるけど、この塀もサンゴ礁のはたらきでできた琉球石灰岩でつくられている。こうした「自然環境」の中で、どんな農業がおこなわれているかな。何が栽培されているの？
⇒サトウキビ、パイナップル、電照菊など

⊙亜熱帯性植物のサトウキビやパイナップルの他、電照菊なども栽培されている。電照菊というのは、夜に電灯を照らすことで開花時期を遅らせた菊のことだよ。正月や春の彼岸など、本来菊の少ない時期に出荷できるメリットがあるんだ。

2. 米軍基地と観光業

⊙歴史の時間にまた学ぶけど、アジア・太平洋戦争において、沖縄では住民を

巻き込んだ地上戦がおこなわれた。戦後、本土は独立したけど、沖縄は27年間に及ぶアメリカ軍の施政権下、つまり支配されたんだ。この過程の中で在日アメリカ軍施設が集中し、現在も在日アメリカ軍の約70％が沖縄県にある。国土面積の１％に満たない沖縄県にこれだけの軍事施設が集中しているのは、やはり異常だ。日常的な騒音に加え、事件や事故も後を絶たない。このあたりは歴史や公民の時間に、詳しく学んでいくことにしよう。

⊙ 先ほど缶詰の話をしたけど、沖縄県の人々が食べるのは魚介の缶詰だけではない。ポーク缶などが、チャンプルーや味噌汁などに利用されている。こうした食の傾向、戦後アメリカの食文化が大きく影響している。アメリカ軍の施政権下にあった戦後の沖縄では、必要な物資がアメリカ本土から持ち込まれたため、第２次産業が育たなかった。そうした影響もあって、教科書の産業別生産額の資料を見ると、全国平均よりも圧倒的にその割合が高いのが第３次産業だ。第３次産業もさまざまだけど、沖縄県の地域経済に欠かせなくなっている産業は何？ ⇒観光業

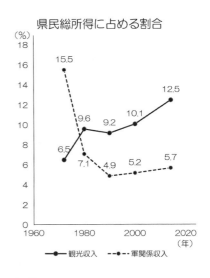

県民総所得に占める割合

⊙ 沖縄県が日本に復帰した1972年、観光客は約56万人だったが、2016年には約877万人となっている。県民総所得に占める観光収入も、1972年に6.5％だったものが、2014年には12.5％と、ほぼ倍増している。一方で「沖縄県の経済はアメリカ軍施設に大きく依存している」という指摘がなされることがあるけど、県民総所得に占める軍関係収入は、1972年に15.5％だったものが、2014年には5.7％と大きく低下している。こうした施設の返還が進めば、効果的な跡地利用によって、さらに地域経済が活性化されるとの期待も高い。

─ 自然 ─

亜熱帯性気候と石灰岩（サンゴ礁）
→サトウキビ、パイナップルなどの栽培
⇓
─ 米軍基地 ─
在日米軍の70％が集中
→戦後27年に及ぶ米軍支配
＊第２次産業が育たない
⇓
第３次産業の割合が高い
→観光業など

38 中国・四国の自然

1．地形

⊙この写真、どこの都道府県かな。

＊秋吉台、道後温泉、お好み焼きなどの写真を提示しながら問う。

⊙中国・四国地方の風景や食べ物を確認したけど、それぞれの都道府県には旗
　があったよね。この都道府県旗は、どこの都道府県なのかわかるかな。

＊例えば島根県は「マ」が4つほど図案化されていて、
　島根の「シマ」を表現している（右図）。

⊙これから中国・四国地方について学ぶけど、九州地方の
　時と同じように、まずは地形について調べてみよう。

＊鳥取平野、出雲平野、岡山平野、中国山地、瀬戸内海、讃岐平野、四国山地、
　吉野川、高知平野など、中国・四国地方の地形について、授業プリントを配
　布し、調べさせる。

＊写真を提示しながら、地形について確認していく。

⊙中国山地と四国山地、どちらが険しいと思う？ ⇒四国山地

⊙鳥取県の大山を除けば、中国山地は標高の高い山でも1,300m前後だ。一方
　四国山地は、愛媛県の石鎚山を筆頭に1,900m前後の山がいくつもある。こ
　うした2つの山地に隔てられた、地域区分について確認しておくね。中国地
　方の場合、中国山地より北を何というの？南を何というの？ ⇒山陰、山陽

⊙山の陰って失礼なネーミングだよね。四国地方より南を何というの？ ⇒南
　四国

⊙中国地方と四国地方にはさまれた海を何というの？ ⇒瀬戸内海

⊙だから瀬戸内海に面した地域を瀬戸内っていうんだ。

2．瀬戸内の気候

⊙「晴れの国」って、どこの都道府県か知ってる？ ⇒岡山県

⊙岡山県は降水量1mm未満の日が276.8日と全国で最も多いため、「晴れの国」
　としてPRしている。

⊙ところで、日本一の「おんせん県」として魅力をPRしているのは何県だった
　の？ 日本には「うどん県」としてPRしている都道府県もあ
　るけど、どこの都道府県か知ってる？ ⇒大分県、香川県

＊「うどん県」のロゴを提示しながら問うのもよい。

⊙香川県といえば讃岐うどんだよね。なぜ香川県では、う

どんをよく食べるようになったのかな。うどんの原料は何？ ⇒小麦
⊙香川県では古くから良質の小麦が栽培されていた。乾燥した気候が小麦の栽
　培に適していたんだね。塩やしょう油、煮干しが手に入りやすかったことも、
　うどんが食べられるようになった理由だ。讃岐平野を中心に、香川県には
　1万4,000以上の農業用のため池もあるけど、なぜ香川県は乾燥している
　の？ ⇒夏も冬も乾いた季節風が瀬戸内に流れ込むから
⊙夏は南東から、冬は北西から吹くのが季節風だったね。夏は南四国で雨を降
　らし、乾いた季節風が瀬戸内に吹き込むし、冬は山陰で雪を降らし、乾いた
　季節風が瀬戸内に吹き込む。つまり瀬戸内は、日常的に乾燥した気候なんだ。
　岡山県が「晴れの国」なのも理由は同じだ。
＊断面図を利用しながら説明すると理解しやすい。

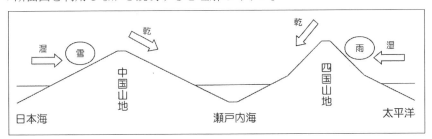

⊙ところで2015年、岡山県南部と香川県の一部の島だけで生息する、新種のカ
　タツムリが確認された。殻の幅は10〜18mmで1円玉より小さい。湿気を好む
　カタツムリ、なぜこんなに小さな姿で生息しているのかな？ ⇒乾燥した気
　候の中で独自に進化したから

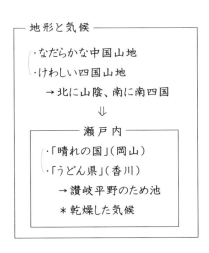

39 瀬戸内海の交通

1. 宇高航路

⊙中国・四国地方は
「他地域との結び
つき」という視点
で、学んでいくこ
とにしよう。まず
は瀬戸内海の交通
がどのように発達
し、それによって
地域がどのように
変化してきたのか
を考えてみたい。

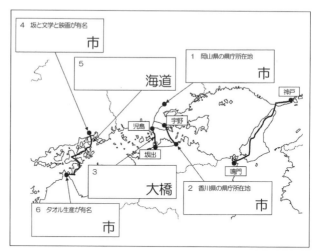

この地域の都市名
などを授業プリントにまとめたので、調べてみよう。

＊1.岡山、2.高松、3.瀬戸、4.尾道、5.しまなみ、6.今治

⊙瀬戸内海の交通、岡山駅と坂出駅間を中心に確認していこう。岡山駅から坂
出駅まで行く場合、かつては岡山駅から宇野駅まで移動し、そこから高松ま
でフェリーで渡るしかなかった。宇野と高松間のフェリーなので、これを何
というの？ ⇒宇高航路

⊙宇高航路の中には鉄道を輸送するものもあり、四国地方の鉄道の起点である
高松駅から、そのまま移動できるものもあった。この宇高航路を利用した場合、
岡山駅から坂出駅まではどのくらい時間がかかっていたの？ ⇒2時間40分

⊙時間がかかるだけではなく、フェリーにはデメリットもある。どんなことが
デメリットなの？ ⇒欠航や事故

⊙天候が悪ければ欠航にもなるし、ひとたび事故が起きれば大惨事にもなる。
1955年、高松市沖で修学旅行生たち168人が犠牲となった、紫雲丸沈没事故
が起きた。濃霧の中で貨物船と衝突し、沈没したんだ。この紫雲丸の中に、
松江市立川津小学校の児童と教諭、保護者がいた。川津小では66人のうち、
22人が犠牲になったんだ。こうした悲しい事故を受けて、瀬戸内海に橋を架
ける気運が高まった。

2．瀬戸大橋

⊙現在、本州と四国の間には橋が架かった3つのルートがあるけど、まとめて何というの？ ⇒本州四国連絡橋

⊙神戸－鳴門ルート、児島－坂出ルート、尾道－今治ルートだね。児島－坂出ルートのことを何というの？ 尾道－今治ルートのことを何というの？ ⇒瀬戸大橋、しまなみ海道

⊙しまなみ海道は自転車での走行も可能で、サイクリストの聖地にもなっている。この3つのルートのうち、いちばん最初に開通したのはどのルート？ ⇒児島－坂出ルート（瀬戸大橋）

⊙瀬戸大橋は1988年に開通した。高速道路と鉄道の併用橋だ。この開通によって、岡山駅と坂出駅間はどのくらいの時間で移動できるようになったの？ ⇒40分

⊙40分で移動できれば、その後どういうことが可能になるの？ ⇒県境を越えた通勤や通学

⊙瀬戸大橋開通前の1987年、本州から四国へ、あるいは四国から本州へと通勤や通学する人は21人しかいなかった。しかし開通後の1988年には474人、1991年以降は毎年2,000人以上を記録している。こうした変化は人の移動だけではなく、農産物の出荷など、モノの移動も活発にした。

⊙ところで2019年現在、宇高航路の大人運賃、片道いくらだと思う？ JR瀬戸大橋線、児島駅から坂出駅までの大人運賃は片道いくらだと思う？ ⇒740円、530円

⊙瀬戸内海を渡ることだけを考えた時、瀬戸大橋の方が安くて速い。高速道路の瀬戸中央自動車道の通行料金、児島ICから坂出ICまでかつては普通車で5,700円もかかっていたけど、現在ETC割引で平日は1,800円だ。家族連れなど、複数での利用にはうれしいよね。一方で、宇高航路には打撃だ。瀬戸大橋開通前の1987年度には約396万人もの輸送者数があったが、2018年度は約13万人と激減した。そして2019年12月15日、宇高航路は休止となり、109年の歴史に幕を閉じた。

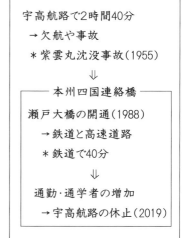

岡山・坂出間

宇高航路で2時間40分
→ 欠航や事故
＊紫雲丸沈没事故（1955）

本州四国連絡橋

瀬戸大橋の開通（1988）
→ 鉄道と高速道路
＊鉄道で40分

通勤・通学者の増加
→ 宇高航路の休止（2019）

40 工業と交通

1. 瀬戸内工業地域

⊙「他地域との結びつき」という視点で、中国・四国地方について学習しているけど、この時間は工業について学んでいこう。まずは中国・四国地方で工業生産がさかんな都市などを授業プリントにまとめたので、調べてみよう。

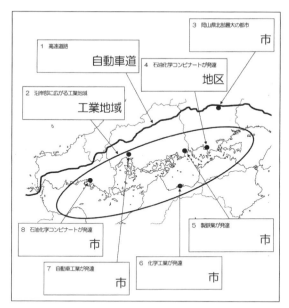

＊1. 中国、2. 瀬戸内、3. 津山、4. 水島、5. 福山、6. 新居浜、7. 広島、8. 周南

⊙中国・四国地方で工業生産がさかんなのは、やはり瀬戸内だ。だからこの工業地域を何というの？ なぜ瀬戸内は工業生産がさかんなの？ ⇒瀬戸内工業地域、原料や製品の輸送に便利

⊙瀬戸内海の水運を利用して、原料や製品を輸送するのが便利だね。工業地域は、こうした海を臨む地域に形成されることが多いけど、海を臨む地域のことを何といったの？ ⇒臨海部

⊙倉敷市水島地区では、海を埋め立てて港を造成し、いくつもの工場を建設した。タンカーで石油を運んで精製し、プラスチックなどの原料となるナフサを生産する工場の他、プラスチックや合成ゴムなどを生産する関連した工場が立地している。こうした石油製品の生産に関連する工場をまとめた地域のことを何というの？ ⇒石油化学コンビナート

⊙関連した工場がコンビを組むからコンビナートだね。石油化学コンビナートは倉敷市水島地区の他、山口県周南市や岩国市などにもあるんだ。

＊石油化学コンビナートのしくみについては、写真などの資料を提示しながら説明するとよい。

2. 中国自動車道

⊙臨海部とは逆に、海から離れた地域のことを何といったの？ ⇒内陸部

⊙内陸部にも工場の進出がみられる地域がある。岡山県津山市は、津山産業・流通センターという工業団地を整備し、企業の進出を促している。工業団地以外のことで、進出する企業にとって、津山市にはどんな魅力があると思う？ ⇒中国自動車道のICに近いなど

＊企業が津山市に進出するメリットについて、グループで話し合わせてもよい。

⊙まずは中国自動車道のICに近いという利便性だね。津山産業・流通センターは、院庄ICに隣接しているので、原料や製品の輸送が便利だ。岡山市や鳥取県米子市へは1時間という近さだ。津山産業・流通センターではないけど、津山市には電機メーカーのパナソニックも工場を構える。なぜパナソニックは津山市に工場をつくったのかな。パナソニックって、もともとどこで操業されたか、知ってる？ ⇒大阪市

⊙パナソニックは、1918年に松下幸之助が大阪市で創立した松下電気器具製作所がはじまりで、現在大阪府門真市に拠点を置いている。津山市はこうしたパナソニックの拠点から遠く離れているような気もするけど、中国自動車道を利用すれば2時間ほどの近さなんだ。この他にも津山市は、企業の立地や雇用の促進のため、企業に奨励金を準備しているのも魅力的だ。津山市内には6つの高校があり、工業高等専門学校や大学も立地し、人材確保という側面でも企業立地を後押ししている。さらに自然災害のリスクが低い地域でもある。2018年、岡山県や広島県、愛媛県など、西日本の広い範囲で豪雨災害が発生したけど、これを何というの？
⇒西日本豪雨

⊙いわゆる西日本豪雨だね。この豪雨によって寸断されたのが山陽自動車道だ。山陽自動車道は、瀬戸内海を沿うように中国地方を東西に貫く高速道路だ。直線区間が多くて走りやすいため、貨物輸送などにも利用される。しかしこの時、中国自動車道が代替道として機能したんだ。

```
┌─ 工業地域の広がり ──┐
│                      │
│ 瀬戸内工業地域        │
│ →輸送に便利な臨海部に発達 │
│ ＊倉敷市水島地区などに  │
│   石油化学コンビナート  │
│        ↓            │
│ ┌─ 中国自動車道 ──┐  │
│ 内陸部に工業団地      │
│ →津山産業・流通センター │
│        ↓            │
│ 大阪などへの利便性     │
│ →人材確保など         │
│                      │
└──────────────────┘
```

41 島根の観光と交通

1. 島根の観光

⊙「他地域との結び
つき」という視点
で、中国・四国地
方について学習し
ているけど、最後
に島根県を例に観
光について学んで
いこう。島根県の
観光地などを授業
プリントにまとめ
たので、調べてみ
よう。

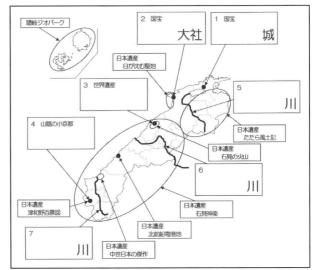

隠岐ジオパーク

2 国宝　大社
1 国宝　城

日本遺産
日がのぞむ聖地

3 世界遺産

4 山陰の小京都

5 　　　川

日本遺産
たたら風土記

日本遺産
石見の火山

6 　　　川

日本遺産
津和野百景図

日本遺産
石見神楽

7 　　　川

日本遺産
北前船寄港地

日本遺産
中世日本の傑作

＊1. 松江、2. 出雲、
3. 石見銀山、4. 津和野、5. 斐伊、6. 江の、7. 高津

⊙出雲大社の本殿の高さは約24mあり、日本一の大きさで、もちろん国宝だ。
松江市にある神魂神社の本殿も国宝だけど、2015年に建造物として新たに国
宝に指定されたのは何？ ⇒松江城

⊙2007年には石見銀山が世界遺産になり、2015年からスタートした日本遺産に
は、「津和野百景図」をはじめ、6年連続で島根県から認定されていた。ま
た、たたら製鉄による独特の景観の斐伊川や清流日本一に何度も輝いた高津
川など、自然の豊かさも魅力的だ。

＊出雲大社や松江城などの写真を提示しながら説明するとよい。

⊙教科書の資料を見ると、こうした魅力あふれる島根県への観光客数、近年増
加傾向にあることがわかるよね。2013年には島根県への観光客数ってどのく
らいいるの？ ⇒約3,700万人

⊙2013年には約3,700万人を記録し、過去最高になった。なぜ2013年が観光客
数のピークになったのかわかる？ ⇒出雲大社の遷宮

⊙この頃、出雲大社は60年に1度の遷宮、つまりご神体をこれまでとは異なる
本殿に遷す行事を迎えていたこともあって、県内外から観光客が押し寄せた。
その後、観光客数は若干減少しているけど、松江城が国宝に指定されたこと
もあって、毎年3,000万人を超える観光客数をキープしている。

2. 交通網の整備

⊙こうして観光客に訪れてもらうためには、交通網の整備が欠かせないよね。東西に長く、隠岐もある島根県には、空港がいくつあるの？　何空港と何空港と何空港？　⇒3つ、出雲縁結び空港、萩・石見空港、隠岐世界ジオパーク空港

⊙高速道路の整備も欠かせないよね。1983年に中国自動車道が開通したけど、この時、島根県で唯一のICとなったのが六日市IC（吉賀町）だ。島根県内の多くの市町村は、高速道路の恩恵を受けることができなかった。そこで、この中国自動車道から北へ延びる高速道路の整備が急がれた。1991年、全線開通した高速道路を何というの？　⇒浜田自動車道

⊙島根県西部の浜田市が、まず高速道路でつながったんだね。翌1992年には米子自動車道も全線開通し、島根県東部も利便性が向上した。そして2015年には松江自動車道が全線開通し、県庁所在地である松江市も中国自動車道とつながった。いわゆる「中国やまなみ街道」だね。この「中国やまなみ街道」、広島県尾道市までつながっているけど、尾道市までつながるメリットって何？　⇒四国地方とつながる

⊙尾道市とつながるということは、さらにその先にしまなみ海道があるよね。つまり松江市は、四国地方とも高速道路でつながったわけだ。

⊙さらに鉄道も新しい時代を迎えた。2017年、JR西日本は山陰両県などを周遊する豪華寝台列車の運行をはじめた。この列車を何というの？　⇒トワイライトエクスプレス瑞風

⊙京阪神地方からのさらなる観光客が期待できるね。一方で広島県三次市から島根県江津市まで、江の川沿いを運行していたJR三江線が2018年3月31日で廃止された。山陰と山陽を結ぶ動脈として、沿線住民や観光客に利用されてきたけど、過疎化の進展やマイカーの普及などで利用者が減少してしまったんだね。

```
┌─ 島根の観光 ─────────┐
│                          │
│  観光客数の増加          │
│   → 約3700万人（2013）   │
│   ＊出雲大社の遷宮や      │
│     松江城の国宝指定      │
│          ⇓               │
│ ── 交通網の整備 ──       │
│  高速道路の開通          │
│   → 浜田道（1991）、米子道（1992）│
│   ＊中国やまなみ街道（2015）│
│          ⇓               │
│ トワイライトエクスプレス瑞風（2017）│
│   → 京阪神からの観光客    │
│                          │
└──────────────────┘
```

42 近畿の自然

1. 地形

⊙この写真、どこの都道府県かな。

＊ 天橋立、道頓堀、柿の葉寿司などの写真を提示しながら問う。

⊙この都道府県旗は、どこの都道府県なのかわかるかな。

＊例えば三重県は「み」を上向きの矢印で図案化したもの
　で、円は特産の真珠を表現している（右上）。兵庫県は
　「兵」を日本海と瀬戸内海に面した県土で波のかたちに
　図案化したものである（右下）。

⊙これから近畿地方について学ぶけど、まずは地形につい
　て調べてみよう。

＊丹波高地、若狭湾、琵琶
　湖、京都盆地、淀川、大
　阪平野、淡路島、紀伊山
　地、志摩半島など、近畿
　地方の地形について、授
　業プリントを配布し、調
　べさせる。

＊写真を提示しながら、地形
　について確認していく。

⊙北の丹波高地と南の紀伊
　山地にはさまれた中央部
　に大阪平野や京都盆地な
　どが広がり、都市が発達
　しているよね。近畿地方
　の政令指定都市って、ど
　こだと思う？ ⇒京都市、
　大阪市、堺市、神戸市

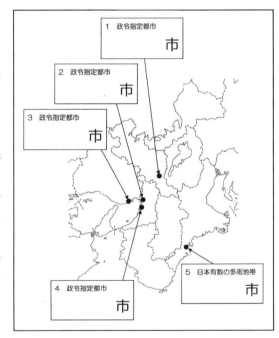

⊙こうした大都市を中心に、都市がつながった地域のことを大都市圏というよ
　ね。近畿地方の大都市圏のことを何というの？ ⇒京阪神大都市圏

2. 日本有数の多雨地帯

⊙ところで、1日あたりの降水量が日本でいちばん多いのはどこだと思う？

⇒箱根（神奈川）

⊙箱根駅伝で有名な箱根は、2019年の台風19号で、これまでに経験したことがないような大雨に見舞われた。2019年10月12日のことだけど、1日あたりの降水量ってどのくらいだと思う？　⇒922.5mm

⊙1日あたりの降水量が900mmを超すってすごいよね。これに次ぐ記録は、2011年7月に魚梁瀬（高知県）で851.5mm、1982年8月に日出ヶ岳（奈良県）で844mmとなっているけど、これらの地域は人口が密集した地域ではない。そして箱根、魚梁瀬、日出ヶ岳に次ぐ歴代4位を記録しているのが尾鷲だ。尾鷲市がどこにあるか、地図帳で探してみよう。

⊙尾鷲市は三重県南部にあり、人口16,000人あまりの都市だ。1日あたりの降水量はどのくらいだと思う？　⇒806.0mm

⊙尾鷲までの4地点が1日あたりの最多降水量で800mmを超えるけど、このあたりは日本でも有数の多雨地帯だ。ちなみに3位の日出ヶ岳は、尾鷲に近い紀伊山地にある。年間降水量も多く、屋久島（鹿児島県）、えびの市（宮崎県）、馬路村（高知県）に次いで、これも歴代4位だ。尾鷲市の年間降水量って、どのくらいだと思う？　⇒3,800mm超

⊙日本における年間降水量、1971年から2000年にかけての平均が1,718mmの中、尾鷲市は2倍以上の3,800mmを超える降水量を記録している。「尾鷲の雨は下から降る」とも言われているそうだけど、これはどういう意味だと思う？　⇒跳ね返りが激しい

⊙尾鷲市の雨は、雨粒が大きく、跳ね返りが激しいそうだ。だから上からだけではなく、「下から降る」と言われている。なぜ尾鷲市は、こんなに降水量が多いの？　⇒紀伊山地と南東の季節風の影響

⊙尾鷲市の沖合には黒潮が流れていて、1年中暖かくて湿った空気が入りやすいんだ。この暖かくて湿った空気を、南東の季節風が尾鷲市周辺に運んでくる。尾鷲市の背後には紀伊山地があるけど、季節風はこの山肌を上昇し、雲となって雨を降らす。特に南東の季節風が吹く夏は、紀伊山地に雨雲がかかり続け、多くの降水量をもたらすんだ。

```
─ 地形 ─
中央部に大阪平野や京都盆地
→丹波高地と紀伊山地にはさまれる
＊京阪神大都市圏
        ↓
    ─ 尾鷲市 ─
   年間降水量3800mm超
   →日本有数の多雨地帯
    ・紀伊山地
    ・南東の季節風
```

43 都市と環境保全

1. 琵琶湖の環境保全

⊙近畿地方は「環境保全」という視点で、学んでいくことにしよう。まずは日本最大の湖などを通して考えていくことにするね。授業プリントの空欄を調べてみよう。

＊1. 琵琶湖、2. 神戸、
　3. ポートアイランド、
　4. 淡路島

⊙日本最大の湖である琵琶湖は、「近畿の水がめ」と言われるけど、どういう意味なの？ 琵琶湖から大阪湾へと流れる川を何というの？ ⇒京阪神大都市圏への水源になっている、淀川

⊙琵琶湖の水を滋賀県の人々はもちろん、京阪神大都市圏にくらす人々も多く利用している。教科書の

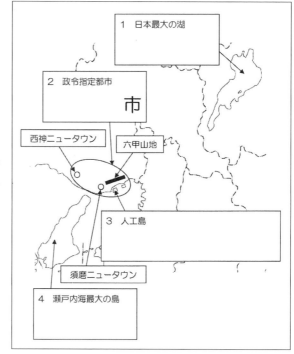

資料を見ると、水道水にしめる琵琶湖・淀川水系の割合、京都市は何％になっているの？ 大阪市は何％？ 神戸市は何％？ ⇒100％、100％、74％

⊙京都市や大阪市はもちろん、神戸市なども含め、この圏域にくらす、1,500万人以上の人々に利用されている。もちろん琵琶湖は、給水だけではなく、漁業やレジャーなどでも広く利用されている。例えば、滋賀県の郷土料理としてよく知られているのが「ふなずし」だ。琵琶湖産のニゴロブナの内臓を取り出し、塩を詰めて3か月、さらにご飯に塩を混ぜたものを詰めて数か月漬け込んだ発酵食品だ。独特の匂いから敬遠されることもあるけど、好んで食べる人も多い。琵琶湖の環境が悪化すれば、この流域の人々は困るよね。琵琶湖では、以前プランクトンが異常に増殖することによって、水が赤く染まる現象があったけど、これを何というの？ ⇒赤潮

⊙合成洗剤などに含まれるりんが赤潮の原因なんだけど、その後住民たちは、りんを含む合成洗剤の中止を呼びかける運動に立ち上がった。こうした運動もあって、近年少しずつ琵琶湖の水質は改善されている。

2. 神戸市と震災

⊙神戸市は、水道水の74%を琵琶湖・淀川水系から給水しているけど、なぜこんなにも離れた場所から給水しているの? 神戸市の人口はどのくらいなの? ⇒水源に恵まれないから、約152万人（2019年）

⊙神戸市はすぐ背後に六甲山地があり、大きな川に恵まれなかった。しかも人口が150万人を超える大都市だ。水の確保は大きな課題なので、琵琶湖・淀川水系から給水することで安定的な供給に努めている。また、六甲山地が迫っていることで、宅地など、土地の開発も課題となっている。西神ニュータウンや須磨ニュータウンなど、大規模な宅地開発をおこなっている他、神戸港内に人工島も建設した。この人工島を何というの? ポートアイランドを建設するための土砂はどこから手に入れたの? ⇒ポートアイランド、ニュータウン建設で掘削した土砂を利用した

⊙こうして完成したポートアイランドには、現在大学や研究機関などが立地しているし、近くには六甲アイランドも完成した。しかし1995年1月17日、神戸市を中心とする地域を、マグニチュード7.3という巨大な地震が襲う。この地震を何というの? 阪神・淡路大震災で、ポートアイランドはどうなったと思う? ⇒阪神・淡路大震災、液状化現象

⊙6,000人を超える犠牲者を出した阪神淡路大震災、多くの建物が破壊され、その後の火災によって焼失した地域は、まるで戦争中の空襲かと見間違えるほどだった。あれから25年以上が経過し、現在神戸市内を歩いても、被災したようすはほぼ残っていない。あの震災を経験していない市民って、どのくらいいると思う? ⇒約半数

⊙震災を経験していない市民が多くなり、あの時の体験をどう継承するのかが課題になっているんだね。

```
┌─ 琵琶湖と淀川 ─────────
│
│「近畿の水がめ」
│ →京阪神大都市圏へ給水
│ ＊赤潮の発生と環境保全活動
│          ⇓
│  ┌─── 神戸市 ────
│  市街地の広がり
│  →郊外にニュータウンを造成
│          ⇓
│  ポートアイランドの造成
│   →震災による液状化
└──────────────────
```

44 工業と環境保全

1.阪神工業地帯

◎みんなが持っている水筒、どこのメーカーのものか調べてみよう。

◎ZOJIRUSHIやTIGERの水筒が多いよね。象印マホービンとタイガー魔法瓶という会社が生産している水筒だ。この2つの会社には共通点があるけど、何だと思う？　⇒大阪の会社

◎象印マホービンは大阪市に、タイガー魔法瓶は大阪府門真市に本社を置く会社なんだ。魔法瓶の生産、大阪府で何％を占めていると思う？　⇒85.2％（2017年）

◎この他にも、水彩絵の具の62.6％、自転車部品の76.2％が大阪府で生産されている。この時間は大阪府を中心とする工業のようすについて、環境対策も含めて考えてみよう。この地域の工業地帯のことを何というの？　⇒阪神工業地帯

◎大阪府の工場規模は、従業者数1～3人の小規模な工場が何％を占めるの？　⇒51.5％（2016年）

◎これは全国の48.0％と比較しても多い。しかも従業者数300人未満の中小企業の割合も99.6％と、全国と比較しても高い。こうした中小企業が多く立地するのが東大阪市などの都市だけど、東大阪市がどこにあるのか調べてみよう。

◎海から少し離れた都市の内部にあるよね。中小企業は大企業に比べると工業出荷額が低いけど、高い技術力を誇っている企業も多い。例えば2009年に種子島から打ち上げられた小型人工衛星「まいど1号」は、ここ東大阪市の中小企業が携わった。同じく東大阪市にあるハードロック工業が開発し、生産している「絶対にゆるまないネジ」のハードロックナットは、東京スカイツリーなどに採用されている。

◎一方、阪神工業地帯にはみんなが聞いたことがあるような家電メーカーもあるけど、どんな家電メーカーだと思う？　⇒パナソニック、シャープ

◎シャープは、あの文房具でおなじみだよね。あの文房具って何？　⇒シャープペン

◎シャープペンを開発し、その後社名をシャープにしたんだ。日本ではじめてテレビや電子レンジを量産した他、2001年には液晶テレビ「アクオス」を生産した。この生産拠点となったのが亀山市にある亀山工場だ。亀山市ってどこにあるか、地図帳で調べてみよう。

◎三重県亀山市だね。みんなの中に「世界の亀山モデル」って表示されている

テレビを見ている家庭もあるんじゃないかな。液晶テレビはが世界シェアで１位だったこともあって、シャープはその後液晶テレビの生産に力を注ぐようになる。臨海部にある堺工場は世界最大級の工場だけど、国際競争も激しくなり、この工場が稼働した2009年頃には韓国や台湾の企業にシェアを奪われてしまう。そして経営の再建を図るため、2016年に台湾の鴻海（ホンハイ）というグループの傘下に入った。

シャープの歩み

1912年	早川徳次が東京で金属加工会社を起業
1915年	シャープペンシルを開発
1924年	関東大震災で被災したため大阪に移転
1953年	日本ではじめてテレビの量産
1962年	日本ではじめて電子レンジの量産
1970年	社名を「シャープ」に変更
1973年	世界ではじめて液晶電卓を発売
2000年	太陽光パネルの生産量世界１位
2001年	液晶テレビ「アクオス」誕生
2004年	亀山第１工場が稼働
2006年	亀山第２工場が稼働
2009年	世界最大級の堺工場が稼働
2012年	希望退職を募って約3,000人が退職
2015年	希望退職で3,000人超が退職
2016年	鴻海（ホンハイ）の傘下入りが決定

2.環境対策

⊙ところで、堺工場が立地するような臨海部、これまで重化学工業が発達してきたけど、一方で大気汚染や水質汚濁、地盤沈下などの公害にも悩まされてきた。地盤沈下の原因は何なの？ ⇒地下水のくみ上げすぎ

⊙工業生産に必要な大量の工業用水を、地下水や上水道に頼ってきたけど、教科書の資料によると、2012年現在、大阪府の工業用水の水源の多くは何になっているの？ リサイクル水が何％を占めるの？ ⇒リサイクル水、89.1％

⊙現在約90％がリサイクル水だ。先ほどのシャープ堺工場、リサイクル水を100％利用している他、屋上や壁面に太陽電池パネルを設置するなど、環境対策も進めている。

液晶パネル（10型以上）の世界シェア
（2009年4〜6月）

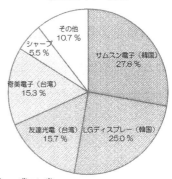

その他 10.7％
シャープ 5.5％
サムスン電子（韓国）27.8％
奇美電子（台湾）15.3％
友達光電（台湾）15.7％
LGディスプレー（韓国）25.0％

┌─ 阪神工業地帯 ─────────┐
都市内部に中小企業（東大阪市など）
→まいど1号やハードロックナット
＊高い技術力
⇓
─ 臨海部 ─
重化学工業が発達
→地盤沈下などの公害
＊地下水のくみ上げすぎ
⇓
環境対策
→リサイクル水や太陽光パネル
└──────────────────┘

45 古都と環境保全

1. 国際観光文化都市

⊙六本木ヒルズなどを運営する森ビルという会
　社が、2018年から東京を除く全国の主要72都
　市を評価し、ランキングを発表した。2018年
　と2019年、2年続けて1位にランキングされ
　た都市はどこだと思う？ ⇒京都市

⊙京都市は観光案内所の多言語対応や宿泊施設
　の客室数といった「文化・交流」と大学や論
　文投稿数などの「研究・開発」などで高い評
　価を得た。アメリカの大手旅行雑誌の読者投
　稿による世界の人気観光都市ランキングで
　も、京都市は2014年と2015年、2年続けて1
　位になっている。歴史で学んでいるように、
　日本の政治や文化の中心だった古都で、寺社
　や祭礼など、有形無形の文化財が最も多い。
　京都市やその周辺の17の寺社や城は、あるも
　のに登録されているけど、あるものって何？ ⇒世界文化遺産

日本の都市特性評価ランキング（2019年）	
1位	京都市
2位	福岡市
3位	大阪市
4位	横浜市
5位	名古屋市
6位	神戸市
7位	仙台市
8位	札幌市
9位	金沢市
10位	松本市

⊙こうした魅力あふれる京都市は、これまで学んできた別府市や松江市などと
　ともに、国際観光文化都市にも指定されている。年間の観光客数って、どの
　くらいいると思う？ ⇒5,362万人（2017年）

⊙近年5,000万人台をキープしているんだけど、中でも目立つのが外国人の増
　加だ。2012年に約80万人だった外国人宿泊観光客、2017年には約350万人へ
　と急増している。寺社だけではなく、町家などの木造建築を含めた歴史的景
　観も魅力的なんだよね。町家は間口が狭く、奥行きが深いため、「うなぎの
　寝床」と言われている。間口の広さによって税がかけられていたため、必要
　な広さを確保する意味で奥行きが深くなったという説がある。津和野と同じ
　ように、京都市も盆地にあるため、夏はかなり暑くなるけど、この町家は中
　庭があることで、涼しい風が生み出される。屋根と中庭の温度差によって、
　中庭に上昇気流が発生し、周囲の空気を次々と引き込み、中庭に向かって風
　が注ぎ込む構造になっている。

＊町家の間取り図などを提示し、説明するとよい。

2. 景観規制

⊙ただこうした町家、1年間に700〜800軒のペースで減ってきているのが現状だ。老朽化の補修に高額な費用がかかったり、取り壊し後のマンション建設が目的だったりなど、理由はさまざまだ。観光客は歴史的景観などを目的に訪れるけど、一方で京都市は政令指定都市でもある。人口はどのくらいなの？ ⇒約146万人（2019年）

⊙約146万人もの人々のくらしがそこにはあり、快適な生活空間を求めて都市づくりもおこなわれる。だから1990年代に建設された、高さが約60mもある京都ホテルやJR京都駅など、開発の度に景観論争が持ち上がるんだ。そこで2007年、古都の景観を守るため、京都市は新たなきまりとなる景観規制条例を成立させた。建物の高さを規制したり、屋上広告物を全面禁止したりする全国的にも厳しい内容だ。

京都市景観規制条例のポイント

寺社の借景や大文字の送り火など、京都を代表する38の眺望を保全対象に指定、建物の高さやデザインを規制。
屋上広告物と点滅照明を市内全域で禁止。大きさや色彩の規定も厳格化。
市中心部で、高さの上限を45mから31mとするなど、高さ規制を厳格化。
地区の特性別に建物のデザイン基準を定め、色彩や屋根などの形状を規定。

⊙教科書の写真を見ると、清水寺の参道にある二年坂、2005年と2013年を比べると、どんな違いに気づくの？ ⇒電線や電柱がなくなった

⊙景観に配慮し、電線や電柱がなくなっているよね。ローソンも京都らしい景観の店舗になっている。そういえば津和野のローソンも、一般的な色彩の店舗じゃないよね。津和野町の景観条例に対応したもので、瓦葺きの外観に落ち着いた配色の店舗になっているよね。

⊙ところで、京都市の景観規則条例をめぐって、京都大学で新たな動きがあった。吉田キャンパスの周囲には学外への表現の手段にもなってきた「タテカン」が設置され、「京大の文化」とも言われていた。しかし京都市は、この「タテカン」が屋外広告物にあたり、条例違反だと大学に文書で指導、大学は「タテカン」を撤去した。「タテカン」の撤去、みんなはどう思うかな。

── 京都 ──

文化財が最も多い
　→17の寺社や城が世界文化遺産
　　　⇓
── 国際観光文化都市 ──

観光客数5362万人(2017)
　→外国人観光客の急増
　＊古都の歴史的景観
　　　⇓
一方で人口約146万人(2019)の大都市
　→開発の度に景観論争
　＊景観規制条例(2007)

46 林業と環境保全

1.日本で唯一の飛び地の村

⊙北山村を地図帳で探してみよう。

⊙北山村って、どこの都道府県？ 地図帳を眺めていて、何か不思議なことない？ ⇒和歌山県、飛び地

⊙北山村は周囲を三重県と奈良県に囲まれた、日本で唯一の飛び地の村だ。なぜこんなところに和歌山県の飛び地があるの？ ⇒新宮市との関係

＊飛び地がある理由については、グループで話し合わせてもよい。

⊙紀伊山地にある北山村は、昔から林業がさかんな土地だ。伐採した木をどうやって運ぶと思う？ 北山川は最終的にどこへ流れるの？ ⇒川に流す、熊野灘（太平洋）

⊙トラックなどがない時代、伐採した木は筏を組んで、川に流して運んでいた。川なら比較的簡単に、そして大量に運べるよね。北山村には北山川という川が流れているけど、この川は熊野川の支流だ。熊野川の河口には何という都市があるの？ ⇒新宮市

⊙北山村で伐採された木が集積するのが新宮市だ。この新宮市、明治時代になって和歌山県になったので、関係の深かった北山村も和歌山県になった。木材の運搬に筏を組んでいたこともあって、現在でも観光筏下りが親しまれている。そしてもう1つの特産が、じゃばらという柑橘類だ。北山村にしかない柑橘類なんだけど、強烈な酸味とクセのある苦みなど、かなり独特の味わ

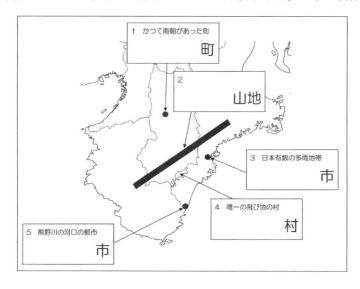

1 かつて南朝があった町
町

2
山地

3 日本有数の多雨地帯
市

4 唯一の飛び地の村
村

5 熊野川の河口の都市
市

いらしい。加工場などを整備し、特産化しようと試みたけど、その味からなかなか売れず、赤字が続いた。しかし2001年、1年間に数十kg購入する客が島根県にいることに気づき、連絡を取ったそうだ。この客の購入理由、何だと思う？ ⇒花粉症に効くから
⊙愛飲者のモニター調査でも半数近くが「花粉症に効果あり」と回答し、その後テレビ放送されたことで爆発的な注文が入るようになった。じゃばらの売り上げは、2016年現在、2億円を超えている。

2. 林業の現状
⊙さて、話を林業に戻すけど、人工林における3大美林というのがあるそうだ。静岡県浜松市天竜区で産出される天竜スギの他、紀伊山地で産出される吉野スギと尾鷲ヒノキだ。林業がさかんな紀伊山地ではあるんだけど、林業を取り巻く環境は厳しい。教科書にある「奈良県の林業従事者数と年齢別割合の変化」という資料を見ると、どんなことがわかるの？ ⇒従事者数の激減と高齢化
⊙1965年に7,020人いた従事者は、2010年には1,018人と激減し、60歳以上も12.4％から41.5％へと高齢化が進んでいる。なぜ従事者が激減し、高齢化していくの？ ⇒国産材が売れなくなったなど
⊙1950年代までは木材自給率が90％を超えていたけど、1964年に木材の輸入が自由化され、安い外国産材の輸入が急激に増えた。国内の林業は打撃を受け、従事者は激減し、高齢化が進んだ。林業には間伐など、必要な仕事があるけど、従事者が激減すれば山に手が入らないよね。間伐が行き届かないため、木が深く根を張れず、2017年の九州北部豪雨のように、水害の度に流木が流れ込むようになった。

2.「環境林」の保全
⊙森林には、豊富な栄養分を海に供給することで魚を育てたり、地球温暖化を防いだりする「環境林」としての役割もある。こうした「環境林」を守るため、紀伊山地をはじめ、各地で「企業の森づくり活動」がおこなわれている。
＊地元でおこなわれている「企業の森づくり活動」などを紹介するのもよい。

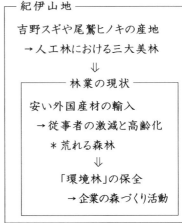

紀伊山地
吉野スギや尾鷲ヒノキの産地
→人工林における三大美林
⇓
林業の現状
安い外国産材の輸入
→従事者の激減と高齢化
＊荒れる森林
⇓
「環境林」の保全
→企業の森づくり活動

47 中部の自然

1.地形

◎この写真、どこの都道府県かな。

＊兼六園、白川郷、味噌煮込みうどんなどの写真を提示しながら問う。

◎この都道府県旗は、どこの都道府県なのかわかるかな。

＊例えば石川県は「石川」を能登半島のかたちに図案化したものである（右上）。静岡県は富士山や伊豆半島、駿河湾などを表現している（右下）。

◎これから中部地方について学ぶけど、まずは地形について調べてみよう。

＊信濃川、越後平野、能登半島、越後山脈、飛騨山脈、木曽山脈、赤石山脈、甲府盆地、木曽川、濃尾平野などの中部地方の地形、さらには中部地方の地域区分について、授業プリントを配布し、調べさせる。

＊写真を提示しながら、地形について確認していく。

◎新潟県には越後平野や越後山脈があるけど、かつてこのあたり、旧国名で越後国だった。なぜ新潟県のあたりを越後というのか、わかるかな。中部地方の日本海側は、かつて越（こし）と呼ばれていた。律令を定めた奈良時代、都があった奈良から、越の中で最も遠くに位置するので越後だ。越後があるということは、越前もあるよね。越前って、現在の何県？ ⇒福井県

◎福井県の東部が越前だ。越前と越後の間には越中もあったよ。越中って、現在の何県？ ⇒富山県

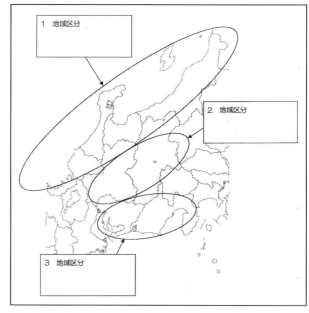

1 地域区分

2 地域区分

3 地域区分

⊙越中富山の薬売りが有名だ。濃尾平野も旧国名に由来するよ。現在の岐阜県南部が美濃国、愛知県西部が尾張国だから、美濃国の濃と尾張国の尾から濃尾平野だ。

⊙1〜3の地域区分を何というの？ ⇒1. 北陸、2. 中央高地、3. 東海

2. 気候

⊙北陸の気候がどんな感じか、想像できるかな。北陸って、実は世界有数の豪雪地帯なんだ。もちろん北陸よりも北にある北海道でも雪は降るけど、積雪量は北陸の方が多い。なぜ北陸の方が北海道よりも積雪量が多いの？ ⇒北西方向に広がる日本海の幅が広いから

⊙日本海側の地域に雪を降らすのは、北西の季節風だったね。北海道から北西方向に広がる日本海の幅より、北陸から北西方向に広がる日本海の幅の方が広いよね。それだけ北陸への季節風は、日本海からの水蒸気を蓄えることができる。暖流である対馬海流も水蒸気を発生させるし、季節風が3,000m級の日本アルプスにぶつかることも豪雪となる要因だ。

⊙ところで、同じ新潟県にある新潟市と上越市、積雪量が多いのはどちらだと思う？ ⇒上越市

⊙新潟市の降雪量累計の平年値が255cmなのに対し、上越市は746cmだ。上越市と比べると、新潟市で積雪が少ないのはなぜだと思う？ ⇒沖合に佐渡島があるから

⊙新潟市の沖合には佐渡島があって、まずはここに北西の季節風がぶつかるため、新潟市の積雪が少なくなる。一方、東海は比較的温暖な冬になるんだ。濃尾平野には中部地方の中核となる政令指定都市があるけど、何という都市なの？ 3大都市圏の1つで、名古屋市を中心とする大都市圏を何というの？ ⇒名古屋市、名古屋大都市圏

⊙中央高地には日本アルプスがあったけど、日本アルプスって北から何山脈と何山脈と何山脈だったの？ ⇒飛騨山脈、木曽山脈、赤石山脈

⊙内陸にあって、しかも高地なので、このあたりは冷涼な気候が特徴だったね。

```
── 地形と気候 ──
・北陸（世界有数の豪雪地帯）
・東海（温暖な冬）
    →濃尾平野に名古屋大都市圏
         ⇓
    ── 中央高地 ──
3000m級の日本アルプス
 →飛騨、木曽、赤石山脈
 ＊冷涼な気候
```

48　東海の農業

1.愛知県田原市

⊙中部地方は「産業」という視点で、学んでいくことにしよう。農林水産省は市町村別の農業産出額ランキングを100位まで公表している。このうち2〜10位までを示すけど、これらの市や町はどんな農産物を生産しているのかな。宮崎県都城市や鹿児島県鹿屋市と聞いて、思い出すことない？⇒畜産

⊙九州南部はシラス台地を克服し、畜産がさかんにおこなわれていたよね。都城市や鹿屋市は、やはり豚や肉用牛の産出額が多い。ちなみに島根県で最も農業産出額が多いのは、どこの市町村だと思う？⇒出雲市

⊙出雲市は農業産出額122億8,000万円で、島根県では1位だ。ただし、公表されている100位内にはない。それではランキング1位はどこだと思う？⇒愛知県田原市

⊙1位は愛知県田原市で、883億3,000万円だ。田原市がどこにあるのか、地図帳で探してみよう。

⊙田原市ではどんな農業がおこなわれているんだろうか。関連することを授業プリントにまとめたので、調べてみよう。

＊1.名古屋、2.豊、3.豊川、4.田原、5.渥美

⊙田原市は、農業産出額883億3,000万円のうち、野菜が339億6,000万円、花<ruby>き<rt>か</rt></ruby>が302億7,000万円だ。田原市が特産の野菜は何？ 花きは何？ ⇒キャベツ、菊

⊙田原市を含む愛知県は、キャベツと菊の生産が日本一だね。菊は沖縄県のと

市町村別農業産出額 (2017年)

順位	市町村	農業産出額（億円）
1位		883.3
2位	宮崎県都城市	771.5
3位	茨城県鉾田市	754.1
4位	北海道別海町	646.7
5位	千葉県旭市	581.9
6位	新潟県新潟市	579.8
7位	静岡県浜松市	512.1
8位	熊本県熊本市	457.9
9位	愛知県豊橋市	457.8
10位	鹿児島県鹿屋市	455.9

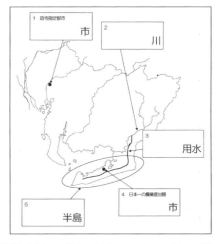

1　政令指定都市　　市
2　　　　　　　　　川
3　　　　　　　用水
4　日本一の農業産出額　　市
5　　　　　半島

ころでも学んだけど、夜に電灯を照らすことで開花時期を遅らせた菊だね。こういう菊を何といったの？　⇒電照菊

⊙都市の市場への出荷を目的に、野菜や花きなどを栽培する農業のことを園芸農業というけど、電照菊はビニールハウスを使っているので、特に何というの？　⇒施設園芸農業

2. 渥美半島

⊙ただ、田原市のある渥美半島は、農業には不都合なことがあったけど、何だと思う？　⇒大きな川がないので農業用水が得られない

⊙農業に水は欠かせないけど、大きな川がないのが渥美半島だ。これを克服するため、どこかから水路を引いてくることになるよね。何という川から引くの？　⇒豊川（とよがわ）

⊙こうして1968年に完成したのが豊川用水だ。水路は畑の下に縦横に走っている。水路の総延長はどのくらいだと思う？　⇒760km

⊙豊川用水によって水が確保できた渥美半島、もともと農業に適したこともたくさんあった。田原市のキャベツが主に出荷される季節はいつだと思う？　⇒冬

⊙渥美半島は、沖合に黒潮が流れ、年間を通して暖かいので、別名「常春（とこはる）半島」といわれる。この温暖な気候のもとで収穫される冬キャベツ、1日あたりの収穫量、田原市だけで何個くらいだと思う？　⇒40万個

⊙1日あたり40万個の収穫ってすごいよね。これを可能にしたのが、広大な土地だ。キャベツ畑が広がる農地は、もともと旧日本陸軍の試験場だった。ここで大砲に関わる試験がおこなわれていた。砲弾の飛ぶ距離って、どのくらいあったと思う？　⇒10km

⊙この広大な土地を、戦後農地に開拓し、田原市は農業産出額1位になっている。田原市で生産されたキャベツや花き、どこへ出荷されるかな？　名古屋大都市圏といった近くの都市へ出荷することを目的におこなわれる農業を何といったの？　⇒名古屋大都市圏など、近郊農業

⊙名古屋大都市圏の他、東京や大阪の市場で取引される冬キャベツは、愛知県産が中心だ。

┌─ 愛知県田原市 ─
日本一の農業産出額
→キャベツや菊
＊ビニールハウスなどの施設園芸農業
⇓
┌─ 渥美半島 ─
大きな川がないため水不足に悩む
→豊川用水の完成で園芸農業が可能
⇓
・温暖な気候や広大な土地
・近くに名古屋大都市圏
→近郊農業

49 東海の工業

1. 中京工業地帯

⊙「産業」という
視点で中部地方
について学習し
ているけど、こ
の時間は工業に
ついて学んでい
こう。まずは中
部地方で工業生
産がさかんな都
市などを授業プ
リントにまとめ

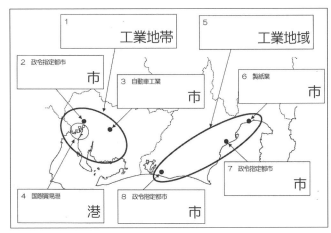

たので、調べてみよう。

＊1.中京、2.名古屋、3.豊田、4.名古屋、5.東海、6.富士、7.静岡、8.浜松

⊙以前４大工業地帯について学んだけど、４大工業地帯ってどこだったか覚え
てる？ ⇒京浜、中京、阪神、北九州

⊙このうち工業出荷額が最も多いのは、何工業地帯？ 工業出荷額割合の資料
を見ると、何工業の割合が高いの？ 輸送機械工業って、例えば何を生産す
るの？ 自動車工業がさかんな都市といえばどこ？ ⇒中京、輸送機械工業、
自動車、豊田市

⊙豊田市は、もともと挙母市だったけど、豊田喜一郎がトヨタ自動車を創業し、
軌道に乗ったことから、1959年１月に豊田市に名称が変更された。トヨタ自
動車は、2018年の世界自動車販売台数ランキング、約1,060万台で３位だ。
１位のフォルクスワーゲングループとの差は、わずか23万台で拮抗している。
トヨタ自動車で生産された自動車、どこから世界中に輸出されるの？ ⇒名
古屋港

⊙名古屋港の取扱貨物量は２億ｔを超えて日本一だ。品目別輸出割合の半分以
上は、自動車とその関連製品で、年間130万台以上が輸出されている。専用
につくられた船に、メーカーも車種も異なる自動車1,000台以上を積み込む
んだけど、この積み込みにかかる時間はどのくらいだと思う？ ⇒約４時間

⊙40人ほどでの作業で、1,000台以上の自動車を約４時間で積み込むそうだ。
これを可能にしているのが、手の合図と笛だけで停車位置を的確に指示する、

ハッチボースンといわれるリーダーの存在だ。

2．東海工業地域

⊙中京工業地帯とは別に、静岡県の太平洋側に広がるのが東海工業地域だね。
　静岡県には政令指定都市が２つあるけど、何市と何市だった？　静岡市と浜
　松市、人口が多いのはどっちだと思う？　⇒静岡市と浜松市、浜松市

⊙浜松市の人口が約79万人（2019年）なのに対し、県庁所在地の静岡市は約69
　万人（2019年）と、10万人ほど少ない。これは2005年に浜松市が12もの市町
　村を編入合併したためでもある。浜松市は工業都市で、豊田市と同じように
　輸送機械工業が発達している。浜松市を発祥の地とする輸送機械工業の主要
　メーカーって知ってる？　⇒本田技研工業（ホンダ）やスズキなど

⊙確かにホンダやスズキって自動車メーカーだよね。ただ、ホンダやスズキが
　生産する輸送機械って、自動車だけではないんだ。自動車以外の輸送機械っ
　て何？　⇒オートバイ

⊙オートバイの主要メーカーって、どんなメーカーがあるか知ってる？　⇒ホ
　ンダ、スズキ、ヤマハ発動機（ヤマハ）、川崎重工業（カワサキ）

⊙このうち浜松市を発祥とするのは、ホンダとスズキ、さらにヤマハだ。ヤマ
　ハといえば、オートバイ以外にも生産しているものがあるけど、何を生産し
　ているの？　⇒楽器

⊙例えばピアノ、ヤマハは生産量世界１位だ。世界２位も静岡県のメーカーな
　んだけど、何というメーカーかわかる？　⇒河合楽器製作所（カワイ）

⊙教科書の資料を見ると、日本
　で生産されるピアノ、静岡県
　で100％生産されていること
　がわかるよね。この他にも、
　富士市は豊富な水資源などを
　背景に、製紙やパルプの生産
　がさかんで、「紙のまち」と
　して発展してきたんだ。

```
┌─ 輸送機械工業 ──────────────┐
│                              │
│  日本最大の中京工業地帯       │
│  →豊田市が中心              │
│   ＊名古屋港から輸出         │
│            ⇓                 │
│    ┌─ 東海工業地域 ───────┐ │
│    浜松市                    │
│    ・オートバイ(ホンダ、ヤマハ、スズキ) │
│    ・ピアノ(ヤマハ、カワイ)  │
│    ＊富士市では製紙パルプ    │
└──────────────────────────────┘
```

50 中央高地の産業

1. 松本山雅FC

⊙こんなJリーグのチーム、知ってるかな。長野県松本市を本拠地とする松本
　山雅FCだ。2019年シーズンにはじめてJ1でプレーしたけど、わずか1年で
　J2に降格してしまった。チーム名に山雅という漢字を使っているレアなチ
　ームだけど、山雅って何の名前だと思う？　⇒喫茶店

＊松本山雅FCのユニフォームが写っている写真を提示する。

⊙元々は、かつて国体の長野県選抜メンバーを中心に創設されたクラブで、メ
　ンバーのたまり場だった「山雅」という喫茶店がチーム名の由来になっている。

2. 野辺山原のレタス栽培

⊙さて、中央高地の産業を授業プリントにまとめたので、調べてみよう。

＊1. 長野、2. 松本、3. 諏訪、4. 野辺山、5. 甲府

⊙まず高原の野辺山原
　なんだけど、ここで
　は何を栽培している
　の？　長野県でレタ
　ス栽培がおこなわれ
　る季節はいつ？　夏
　に栽培するメリット
　は何？　なぜ夏に栽
　培できるの？　野菜
　などの生長を抑える
　栽培を何というの？

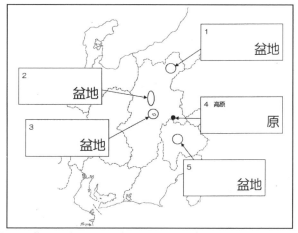

　⇒レタス、夏、他産地が出荷できないので高く売れる、冷涼な気候だから、
　抑制栽培

⊙野辺山原は標高1,000m以上の高原で冷涼だ。津和野町と吉賀町、益田市に
　またがる島根県の最高峰、安蔵寺山が標高1,263mなので、ほぼ同じ高さに
　ある。ここの人々は、高原を開拓してレタス栽培をはじめた。東京の市場で
　は、朝がまだ暗いうちから収穫した「朝どりレタス」が人気だ。

3. 養蚕や製糸業からの変化

⊙一方、中央高地には多くの盆地が広がっている。こうした盆地に多くあるの

が扇状地だったね。扇状地では、かつては桑を栽培していた。なぜ桑を栽培するの？ 蚕(かいこ)って何？ 蚕を飼うことを何というの？ 蚕を飼って何を生産するの？ 生糸をつくることを何業というの？ ⇒蚕のエサ、家畜化されたガの幼虫、養蚕、生糸、製糸業

⊙蚕は家畜化されたガの幼虫なんだけど、幼虫がサナギになる時、糸を吐き出し繭玉(まゆだま)をつくる。この繭玉からできるのが生糸だね。かつて生糸は、日本の重要な輸出品だった。きっとみんなのおじいちゃんやおばあちゃんが子どもの頃、蚕を飼っていた家って結構あると思うよ。家で聞いてみてごらん。ただ1929年以降、生糸の価格が暴落したため、輸出は激減する。甲府盆地や長野盆地などでは、その後果樹栽培へと転換していくんだけど、甲府盆地ではどんな果物を栽培するの？ 長野盆地や松本盆地ではどんな果物を栽培するの？ ⇒ぶどう、りんご

⊙山梨県はぶどうの栽培1位だし、長野県はりんごの栽培が青森県に次いで2位だ。ただ、2019年の台風19号で千曲川(ちくまがわ)が決壊し、長野県内で多くのりんご畑が被害に遭ってしまった。

⊙ところで諏訪盆地には、かつて生糸をつくる製糸工場がたくさんあった。輸出が激減したために、多くの工場が倒産したけど、その後戦時中には東京からいくつもの工場が疎開してきた。こうした工場の一部が残り、戦後精密機械工業を発達させた。精密機械って何？ ⇒時計やカメラ

⊙この頃長野県に疎開してきたのが、現在セイコーやオリンパスという社名で知られる時計やカメラのメーカーだ。セイコーグループは、時計に加え、EPSONのブランドでも知られるプリンタなど、電気機械工業へと生産の幅を広げている。EPSON、どこかで見覚えあるよね。松本山雅FCのユニフォームスポンサーで、胸に大きくロゴが入っている。セイコーエプソンの本社、現在も諏訪市にあるんだ。

変化する産業

野辺山原（標高1000m以上）
　→涼しい夏にレタス栽培（抑制栽培）
　　　⇓
――― 養蚕や製糸業からの変化 ―――
甲府盆地や長野盆地などの扇状地
　→養蚕から果樹栽培へ
　　　⇓
諏訪盆地
　→製糸から精密機械、
　　さらに電気機械へ
---

51 北陸の産業

1. 水田単作地帯

⊙これらのお菓子会社には共通点があるけど、どんな共通点かわかる？ ⇒新潟県の会社が製造している

＊岩塚製菓、越後製菓、亀田製菓、三幸製菓、ブルボンなどのお菓子のパッケージを提示し、裏面にある製造者の住所を確認する。

⊙すべて新潟県の会社なんだ。さらに、これらの会社が製造しているお菓子の多くにも共通点があるけど、何だと思う？なぜ米菓が多いの？ 新潟県は米の生産量何位なの？ ⇒米菓、米の産地だから、1位

⊙新潟県は米の生産割合が7.8%（2017年）で1位だ。越後平野などは全国有数の米どころで、「柿の種」や「ハッピーターン」などでおなじみの亀田製菓は、米菓の分野で日本一の生産量だ。米の使用量も膨大で、年間の使用量は、4人家族が食べる量の何年分に相当すると思う？ ⇒約22万年分（2010年）

⊙北陸の産業を授業プリントにまとめたので、調べてみよう。

＊1. 越後、2. 燕、3. 輪島、4. 鯖江（さばえ）、5. 高岡、6. 魚沼

⊙ところで、コシヒカリっていう米を知っているかな。コシヒカリやササニシキ、ひとめぼれなど、ブランド化された米を何というの？ コシヒカリという名前の由来を知ってる？
　⇒銘柄米（ブランド米）、越国（こしのくに）に光輝く米

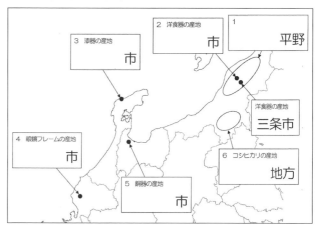

⊙コシヒカリは、越国、つまり"北陸に光輝く米"という意味で名づけられた。特に魚沼地方で栽培されるコシヒカリは、日本穀物検定協会による食味ランキングで、1989年から28年連続で最上位の「特A」を獲得するなど、高い評価を得ている。

⊙ただ北陸での農業、筑紫平野などでの二毛作とは異なり、積雪におおわれる冬はできないよね。夏にしかできない農業のことを、二毛作に対して何とい

うの？　⇒単作

2. 地場産業

⊙水田単作地帯の広がる北陸では、冬に屋内でできる副業が発達した。地域と密接に結びついて発達してきた産業のことを何というの？　燕市や三条市で発達した地場産業は何？　鯖江市で発達した地場産業は何？　⇒地場産業、洋食器、眼鏡フレーム

⊙洋食器の生産がさかんな燕市や三条市、「燕三条でつくれない金物はない」と言われるほど、金属加工業が発達している。その原点は、江戸時代の和釘(わくぎ)づくりだ。やがて鎌や包丁といった刃物へと生産を広げてきたけど、近くにあるくず鉄だけでは原料をまかないきれない。この時、原料の鉄をどこから手に入れたと思う？　⇒出雲国などから

⊙現在の島根県、特に中国山地にある奥出雲は、たたら製鉄で良質の鉄を大量に生産した。この鉄が燕三条に運ばれたわけだけど、どうやって運んだの？
　⇒北前船(きたまえぶね)

⊙江戸時代は北前船による日本海交易が活発におこなわれていた。奥出雲で生産された鉄が、出雲崎(いずもざき)（新潟県）などに運ばれた記録が残っている。しかし、その後の開国に伴って、洋釘をはじめとする金属製品が大量に輸入され、燕三条の金属加工業は危機的な状況に陥った。この危機を救うために生産をはじめたのが、スプーンやフォークといった洋食器だ。燕三条を中心に、現在新潟県では、国内の洋食器の約9割が生産されている。

⊙こうした地場産業の中には、伝統的工芸品といわれるものもあるけど、輪島市でつくられる主な伝統的工芸品は何？　高岡市でつくられている主な伝統的工芸品は何？　⇒漆器（輪島塗）、銅器

⊙全国各地にある銅像の約9割は、100社以上もの会社が集中する高岡市で生産されているんだ。

┌─ 水田単作地帯 ──────────────┐
│ 越後平野など、全国有数の米どころ
│ →魚沼産コシヒカリなどの銘柄米
│ 　　　　　　　⇓
│ ┌─ 地 場 産 業 ──────────┐
│ │ 冬の副業として発達
│ │ →洋食器（燕、三条）、眼鏡（鯖江）
│ │ 　　　　　　⇓
│ │ 　　伝統的工芸品
│ │ →輪島塗や高岡銅器
│ └──────────────────┘
└────────────────────────┘

52 関東の自然

1. 地形

⦿この写真、どこの都道府県かな。

＊日光東照宮、横浜港、レモン牛乳などの写真を提示しながら問う。

⦿栃木県民のソウルドリンクが、いわゆるレモン牛乳だ。戦後になって販売され、学校給食などでも提供されたことか
ら、栃木県民にはおなじみの味になっ
た。現在、生産しているメーカーは2社
で、2003年から生乳100％のものしか
「牛乳」と表示できなくなったため、正
式な名称は「関東・栃木レモン」など、
「牛乳」という文字は見当たらない。

⦿この都道府県旗は、どこの都道府県なの
かわかるかな。

＊例えば茨城県は県の花であるバラを図案化したも
ので、渦巻きに「先進性」や「創造性」などの意
味を込めている（右上）。群馬県は「群」の字を
「君」と「羊」に分け、縦に並べたものを中央に
配置している。この字を赤城山、榛名山、妙義山
を表現したデザインで囲んでいる（右下）。

⦿これから関東地方について学ぶけど、まずは地形
について調べてみよう。

＊関東平野、関東山地、利根川、東京湾、房総半島
などの関東地方の地形について、授業プリントを
配布し、調べさせる。

＊写真を提示しながら、地形について確認していく。

⦿2019年9月の台風15号では、房総半島を中心に、住宅被害や広域での停電な
ど、甚大な被害があった。さらに10月の台風19号でも、豪雨などによる被害
が相次いだ。近年、地球温暖化の影響で、台風が巨大化しているとの指摘が
あるが、今後こうした被害が各地で起きないように、私たちも行動していか
なければならないことがあるんじゃないかな。

⦿関東平野は、日本最大の平野だね。この平野は、富士山などの噴火で積もっ
た、大量の火山灰でできた赤土の台地が広がる。こういう赤土を何という

の？ ⇒関東ローム

- ⊙関東平野を流れる利根川は、日本最大の平野を流れるだけに、流域面積が日本最大だ。一方で、日本最長の川を何といったの？ ⇒信濃川
- ⊙流域面積が最大なのが利根川、最長なのが信濃川だね。世界最大の流域面積の川を何といったの？ 世界最長の川を何といったの？ ⇒アマゾン川、ナイル川

2. 人口

- ⊙7地方区分のうち、人口が最も多いのは、やはり関東地方だ。関東地方には、人口の何%が集中しているの？ ⇒33.4%
- ⊙人口の3割が関東地方に集中しているんだね。それに対して、面積は8.6%と最も小さいので、人口密度が高くなる。人口密度が高い地域では、当然地価も高くなるよね。2019年の地価（基準地価）、津和野中学校がある津和野町町田で1㎡あたりいくらだと思う？ 東京都中央区銀座ではいくらだと思う？ ⇒3万400円、4,320万円
- ⊙津和野町と比較すると、銀座の地価は1,400倍以上だ。地価がこれだけ高ければ、建物は当然高層化する。高層化したビルが林立した地域では、気温が周辺の地域よりも高くなる現象が見られるけど、この現象を何というの？ ⇒ヒートアイランド現象
- ⊙高層化によって風通しが悪くなり、地表面に熱がこもりやすくなることなどが、原因の1つといわれている。

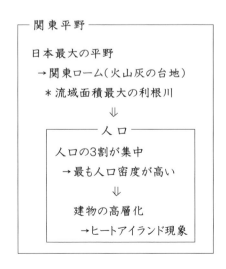

関東平野

日本最大の平野
　→関東ローム（火山灰の台地）
　＊流域面積最大の利根川
　　　　　⇓
人口
人口の3割が集中
　→最も人口密度が高い
　　　　　⇓
　建物の高層化
　→ヒートアイランド現象

53 日本の首都

1. 東京都の人口

⊙人口の３割が集中している関東地方だけど、「人口や都市」に視点をあてながら学ぶことにしよう。まずは首都である東京の姿だ。東京都の人口って、どのくらいいるの？ ⇒1,384万人（2018年）

⊙日本の人口が１億2,644万人なので、９人に１人は東京都民ということになる。ちなみに島根県の人口はどのくらいなの？ ⇒68万人（2018年）

⊙島根県の人口は68万人なので、東京都はその20倍だ。人口密度はどうかな。東京都と島根県の人口密度はそれぞれいくらなの？ ⇒東京都6,310人/km²（2018年）、島根県101人/km²（2018年）

⊙人口密度にすると、東京都は島根県の63倍だね。こうした大都市に、人口や都市機能が過剰に集中することを、過疎に対して何といったの？ ⇒過密

2. 都心と副都心

⊙東京都の中でも特に過密になっているのが、あるJRの路線の内側とその周辺地域だ。この路線は１日中電車がぐるぐる回っているけど、この路線を何というの？ ⇒JR山手線

⊙JR山手線にはどんな駅があるの？ ⇒東京駅、渋谷駅、新宿駅、池袋駅など

⊙例えば東京駅、JR山手線の上野・池袋方面、平日どのくらいの電車が発着するのかな？ ⇒約300本

【東京駅】 山手線 上野・池袋方面（内回り）時刻表 ＜平日＞ 2019年3月16日 ダイヤ改正

時	分
4時	46
5時	01 15 26 35 39 47 52 58
6時	06 11 16 22 26 31 35 40 45 48 53 57
7時	01 05 08 13 16 19 22 24 27 30 32 35 38 40 43 46 48 51 54 56 59
8時	02 05 07 10 13 16 19 21 24 27 29 32 35 37 40 43 45 48 51 53 56 59
9時	01 04 07 09 12 15 18 21 24 26 29 32 34 38 40 44 47 50 53 56 59
10時	03 06 10 14 17 22 26 31 34 39 42 46 51 55
11時	00 04 09 13 18 22 27 31 36 40 45 49 54 58
12時	02 07 11 15 19 23 27 32 36 41 45 50 54 59
13時	03 03 12 16 20 24 28 32 37 41 46 50 55 59
14時	04 08 12 17 21 25 29 33 37 42 46 51 55
15時	00 04 09 13 17 22 26 30 34 38 43 47 51 56 59
16時	02 06 10 14 17 20 24 27 31 34 37 40 44 48 52 55 58
17時	01 05 08 11 15 18 21 25 28 32 35 38 41 45 48 52 55 59
18時	02 05 09 12 15 18 22 25 28 31 35 38 42 45 48 51 55 58
19時	02 05 08 12 15 19 22 25 28 31 35 38 42 45 49 52 55 59
20時	02 06 09 13 16 19 23 27 31 35 39 43 46 50 54 58
21時	03 07 11 15 19 22 26 30 34 38 42 46 50 53 58
22時	02 06 10 14 18 23 28 33 39 44 49 55
23時	00 05 10 15 19 25 32 40 47 52 59
0時	05 12 19 26 39

⊙JR山口線のある津和野駅は、山口方面に11本、益田方面に10本しかないので
　圧倒されるね。ただこの300本という数、上野・池袋方面のいわゆる内回り
　だけだ。東京駅には品川・渋谷方面の外回りもあるし、東海道本線や中央線
　快速などの在来線の他、東海道・山陽新幹線や東北・北海道新幹線などの新
　幹線の起点でもある。

⊙この東京駅周辺には、国会議事堂や中央省庁、日本銀行の他、オフィス街と
　して発展してきた丸の内などがある。日本の首都機能が集中する千代田区や
　港区、中央区などの中心地区を何というの？　これに対して、新宿や渋谷、
　池袋など、都心に次ぐ中心地区を何というの？　新宿駅や渋谷駅、池袋駅な
　どは、JRだけではなく、私鉄や地下鉄が郊外へと延びているけど、こういう
　駅のことを何というの？　⇒都心、副都心、ターミナル駅

⊙ターミナル駅の周辺には、デパートやテレビ局、大学などが立地し、多くの
　乗降客が利用する。例えば新宿駅、1日あたりの乗降客数が世界一といわれ
　ているけど、何人だと思う？　⇒約300万人

⊙鉄道の路線を含め、開発の場を地下に求めていったのが東京だ。しかし、そ
　の地下も混雑の度合いを深めている。2015年に全線開通した、首都高速中央
　環状線の山手トンネルは、全長18kmあまりで日本一長い道路トンネルだ。池
　袋から渋谷まで11もの鉄道路線と2つの地下河川のすき間を縫って建設され
　た。最大の難所は中野坂上駅だ。地下鉄丸ノ内線と大江戸線が乗り入れ、山
　手トンネルはそのすき間をくぐり抜ける。山手トンネルと丸ノ内線との間隔
　はどのくらいだと思う？　⇒2m

⊙丸ノ内線とはわずか2m、大江戸線とも5mしかない。

3. 首都圏外郭放水路

⊙地下鉄だけではない。埼玉県春日部市
　には世界最大級の地下放水路がある。
　この首都圏外郭放水路は、高さ25mの
　コンクリートの柱59本が天井を支え
　る、地下に建設された人工の川だ。近
　隣の川が氾濫の危険にさらされた時、
　水を地下に取り込んでいる。近年、首
　都圏に大規模な水害が起こらないのは、
　こうした地下の施設が地上の危険を引
　き受けているからという指摘がある。

┌─── 東京 ───
│ 人口1384万人（2018）
│ →9人に1人は東京都民
│ ＊人口密度6310人/km²（2018）
│ 　　　　⇓
│ ┌─── JR山手線 ───
│ │ 都心（東京駅周辺）
│ │ →国会、省庁、日本銀行など
│ │ 　　　　⇓
│ │ 副都心（新宿、渋谷、池袋など）
│ │ →ターミナル駅周辺にデパート、
│ │ 　テレビ局、大学など

54 大都市圏の拡大

1. 東京大都市圏

⊙日本の人口って、現在増えている
　の？　減っているの？　⇒減ってい
　る

⊙日本の人口は、2008年の1億2,808
　万人をピークに、現在減ってい
　る。そんな中でも、2017年からの
　1年間で、人口が増加した都道府
　県が6つほどある。6位は愛知県
　なんだけど、1位から4位までは
　どこの都道府県だと思う？　⇒1位
　東京都、2位沖縄県、3位埼玉
　県、4位千葉県と神奈川県

⊙沖縄県と愛知県を除けば、人口が
　増加しているのは、すべて東京大
　都市圏にある都県だ。なぜ沖縄県
　では人口が増加していると思う？　⇒高い出生率

人口が増加した都道府県（2017～18年）

	都道府県	人口増加率（%）
1位		0.55
2位		0.20
3位		0.06
4位		0.04
4位		0.04
6位	愛知県	0.02

⊙1人の女性が一生のうちに出産する子どもの数の平均を合計出生率というけ
　ど、2018年の全国平均が1.42の中、沖縄県は1位の1.89だ。この高い合計特
　殊出生率が、沖縄県の人口増加を後押ししている。ちなみに2位はどこだと
　思う？　⇒島根県

⊙実は島根県が1.74で2位なんだ。出生数そのものは少ないので、少子化に歯
　止めはかからないけど、合計特殊出生率は案外高いんだよ。東京都は人口増
　加率が0.55%と1位だけど、やはり合計特殊出生率が高いのかな。これも意
　外かもしれないけど、東京都の合計特殊出生率は1.20と最下位だ。埼玉県
　1.34、千葉県1.34、神奈川県1.33と、これらの県も全国平均を大きく下回る。
　合計特殊出生率が低いのに、なぜ人口が増加するの？　⇒転入が多いから

⊙東京大都市圏から転出する人より、東京大都市圏へ転入する人が多い、いわ
　ゆる社会増が人口増加の原因だ。特に近年、東京大都市圏への人口の集中が
　加速している。人口の増加に伴い、京阪神大都市圏と同じように、郊外に大
　規模な住宅団地が建設されてきたけど、こうした住宅団地を何というの？
　⇒ニュータウン

2. 人口の集中

⦿ 人口が集中する東京大都市圏、多くの人たちが郊外から通勤したり、通学したりする。東京23区への通勤・通学者数が最も多いのは何県？ 何万人いるの？ ⇒神奈川県、92万人（2015年）

⦿ 都心は昼間人口が多くなり、夜間人口は少なくなる。夜間人口100人あたりの昼間人口のことを昼夜間人口比率というけど、これが最も低いのは何県？何％？ ⇒埼玉県、88.9％（2015年）

⦿ 埼玉県は昼夜間人口比率が88.9％、日本で最も低い。つまり、東京都へ通勤や通学する人の割合が最も高いのが埼玉県民だ。だから俗に「埼玉都民」なんて言われることもある。

⦿ 拡大を続ける東京大都市圏、郊外に建設されたのはニュータウンだけではない。例えば空港については、都市機能を分散させる目的もあって、国際線を中心とする空港を1978年に開港させたけど、この空港を何というの？ ⇒成田空港

⦿ 成田空港の開港によって、羽田空港から多くの国際線が成田空港に移転した。また、茨城県には大学や研究機関を集めた都市を建設したけど、この都市を何というの？ ⇒筑波研究学園都市

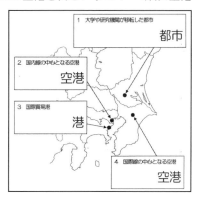

⦿ こうした都市機能の分散だけではなく、都市内部で古い建物や工場などを取り壊し、新たに街をつくり直す再開発もおこなわれている。横浜港にある「みなとみらい21」地区には、商業施設や国際会議場などが集中しているし、東京都中央卸売市場が築地から移転した、東京湾岸のあの場所には、商業施設の他、タワーマンションが林立するようになった。あの場所ってどこ？ ⇒豊洲

⦿ 人口が急増した豊洲には、2007年に江東区立豊洲北小学校が新設され、現在児童数が1,000人を超えるマンモス校になっている。

┌─ 東京大都市圏 ─

東京、埼玉、千葉、神奈川で人口増加
→郊外にニュータウン建設
⇓
── 人口の集中 ──
郊外からの通勤や通学
→埼玉県の昼夜間人口比率88.9％
　　　　　　　　　　　（2015）
＊「埼玉都民」
⇓
都市機能の移転や再開発
→成田空港や豊洲など

55　工業地域の拡大

1.臨海部

⊙東京大都市圏が拡大していくようすについては学んだけど、関東地方の最後に工業地域が拡大していくようすについても学んでいくことにしよう。四大工業地帯のうち、関東地方にある工業地帯を何というの？　京浜の京はどこを示しているの？　浜はどこを示しているの？　⇒京浜工業地帯、東京、横浜

⊙京浜工業地帯を含め、関東地方の工業地域について授業プリントにまとめたので、調べてみよう。

＊1.大泉、2.北関東、3.京浜、4.横浜、5.日立、6.成田、7.京葉

⊙京浜工業地帯は、工業出荷額が中京工業地帯に次ぐ、日本有数の工業地帯だ。臨海部にある京浜工業地帯では、どんな工業の割合が高いの？　⇒機械工業

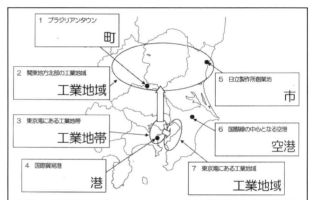

```
1  ブラジリアンタウン
            町

2  関東地方北部の工業地域
      工業地域

3  東京湾にある工業地帯
      工業地帯

4  国際貿易港
            港

5  日立製作所創業地
            市

6  国際線の中心となる空港
            空港

7  東京湾にある工業地域
      工業地域
```

⊙機械工業が46.4％（2017年）と約半数を占めているね。

⊙ところで、みんなが使っている教科書、発行者の住所はどこ？　⇒東京都千代田区神田神保町

⊙みんなが朝読書などで読んでいる本の発行者の住所も調べてみよう。住所はどこ？　⇒東京都千代田区一ツ橋、東京都文京区音羽、東京都千代田区富士見など

⊙調べてみると、みんなが手にする本の多くは東京都で発行されたものなんだ。出版社に加え、新聞社も多いので、印刷・出版業がさかんなのも京浜工業地帯の特徴だ。印刷業の出荷額、東京都は何％を占めているの？　⇒20.0％（2012年）

⊙京浜工業地帯、確かに工業出荷額は高いけど、近年その額を大きく減少させているのも事実だ。一方で、同じ東京湾の臨海部にある京葉工業地域は、工業出荷額が増加傾向だ。京葉の葉って、どこを示しているの？京葉工業地域では、どんな工業の割合が高いの？化学工業が何％を占めているの？　⇒千

葉、化学工業、41.2％（2017年）

◎東京湾岸を埋め立てた京葉工業地域では、石油化学工場や製鉄所などが立地している。

2. 内陸部

◎さらに、内陸部にある北関東工業地域も、工業出荷額が増加している。工場の進出が相次いでいるけど、なぜ北関東に工場が進出するようになったの？
　⇒高速道路網の発達や安い地価など

◎北関東は首都圏に近く、高速道路網が発達しているため、原料や製品の輸送に時間やコストがかからない。また、東京大都市圏の人口増加に伴い、不足した工業用地を広くて地価の安い北関東に求めた。そして労働力が豊富だったのも北関東の魅力だった。ただ、バブル経済の頃、労働力が不足したため、労働力をあの人たちに求めたけど、あの人たちって誰？　⇒日系ブラジル人

◎南アメリカ州の時に学んだ、日系ブラジル人だ。群馬県大泉町は、面積が約18㎢で、県内最小の町だよ。町内にはパナソニック、SUBARU、マルハニチロ、雪印、味の素など、100社を超える工場が進出している。こうした工場の労働者として日系ブラジル人を多く雇用しているため、大泉町は総人口約4万人に占める外国人の割合が日本一なんだ。外国人って、何％くらいいると思う？　⇒約18％（2017年）

◎外国人の約半数がブラジル人で、ペルーやネパールの人たちも多い。こうした外国人が大泉町に定着するため、地元の企業が家賃の一部を負担したり、行政窓口にポルトガル語の通訳を配置したりするなど、共生社会をめざした町づくりがおこなわれてきた。

◎工業生産に必要な原料を輸入したり、生産した製品を輸出したりするけど、日本最大の貿易港ってこだと思う？　⇒成田空港

◎成田空港は貿易額が25兆1,628億円（2018年）で、日本最大の貿易港だよ。

```
┌─ 工業地域 ──────────┐
│ 臨海部                      │
│ ・京浜工業地帯（機械、印刷、出版）│
│ ・京葉工業地域（化学）        │
│            ⇓                │
│   ┌─ 内陸部 ──────┐   │
│   │ ・北関東工業地域      │   │
│   │ →高速道路、地価、労働者 │   │
│   │ ＊日系ブラジル人      │   │
│   └──────────────┘   │
│            ⇓                │
│      成田空港              │
│      →日本最大の貿易港      │
└────────────────────┘
```

56 東北の自然

1. 地形
◎この写真、どこの都道府県かな。

＊三内丸山遺跡、なまはげ、芋煮会などの写真を提示しながら問う。

◎2013年、旅行雑誌『旅の手帖』で日本三大芋煮が紹介された。津和野町の芋煮、愛媛県大洲市のいもたき、山形県中山町の芋煮だ。山形県内では芋煮会が秋の風物詩になっていて、週末ごとに職場の仲間や家族連れなどが河川敷に繰り出す。しょう油ベースで、里芋、牛肉、ネギ、こんにゃくなどが入っているのが、中山町の芋煮の特徴だ。現在、これらの3市町は連携し、津和野町でも日本三大芋煮会などのイベントを開催しているよね。

◎この都道府県旗は、どこの都道府県なのかわかるかな。

＊東北地方の学習の次は北海道地方だけなので、北海道旗も含めて、7道県旗を提示したい。例えば宮城県は「み」を県花であるミヤギノハギの葉型にデザインしたものである（右上）。山形県は「山形」の「山」と最上川を表現している（右下）。

◎これから東北地方について学ぶけど、まずは地形について調べてみよう。

＊津軽平野、白神山地、庄内平野、最上川、山形盆地、下北半島、奥羽山脈、三陸海岸、仙台平野などの東北地方の地形について、授業プリントを配布し、調べさせる。

＊写真を提示しながら、地形について確認していく。

◎白神山地は、1993年に姫路城や屋久島などとともに、日本ではじめて世界遺産に登録された。なぜ白

局地風

神山地は世界遺産に登録されたの？　⇒世界最大級のブナの原生林が広がっているから

⊙東北地方には、中央部を奥羽山脈が南北に貫いているよね。基本的には、ここから日本海や太平洋に向けて川が流れ、この流域に盆地や平野がかたちづくられる。山形盆地や庄内平野をかたちづくった川を何というの？　⇒最上川

2. 気候

⊙東北地方は温帯ではあるけど、日本列島の中でも北に位置しているので、冷涼な気候であることは想像できるよね。日本海側には、やはり降雪があるけど、何という風が影響していたの？　⇒季節風

⊙近年、日本の夏は猛暑が続いているけど、1993年の夏はかなり異常だった。8月になっても日本列島に梅雨前線が停滞したまま、とうとう梅雨明けが特定されなかった。気温も上がらず、記録的な冷夏となったのが、この1993年だ。特に東北地方の低温は顕著で、米をはじめ、さまざまな作物が不作となった。米の作況指数というデータがある。平年の米の収穫量を100とした場合のそれぞれの年の収量を表すものだ。このデータ、90以下は著しい不良ということになるけど、1993年の東北地方では90を上回った地域はどこにもない。つまり東北地方は、すべて著しい不良だった。特に深刻だったのが、青森県から岩手県にかけての太平洋岸だ。この地域は、米の作況指数がすべて1ケタで、まったく米の収量がなかった0という地域もある。0を記録したのは、何半島？　⇒下北半島

⊙この年、全国で米が不足したので、ある国から米を緊急輸入したけど、ある国ってどこ？　⇒タイ

⊙ただタイ米などのインディカ米は、日本で一般的に食べられてきたジャポニカ米とは異なり、炊飯器を使った調理には適さないなど、「平成の米騒動」をめぐる話題がかけめぐった。

⊙この地域は、東北地方が全体的に豊作の年でも、作況指数が平年並みの100を下回ることがある。冷害の原因となっている、北東の局地風のことを何というの？　⇒やませ

```
┌─ 地形と気候 ─────────
 中央に奥羽山脈
 →川の流域に平野や盆地
        ⇓
 ┌─ 寒冷な気候 ─────────
  冬の季節風
   →日本海側に降雪
         ⇓
  やませ(北東の局地風)
   →下北半島を中心に冷害
```

57　東北の農業

1. 夏祭り

⊙この写真、何という祭りか知ってる？ 季節はいつ？ 東北地方には、他にど
　んな夏祭りがあるの？ ⇒青森ねぶた祭り、夏、秋田竿灯まつりや仙台七夕
　まつりなど

＊青森ねぶた祭りの他、東北地方の夏祭りの写真をいくつか提示する。

⊙青森ねぶた祭りは、8月上旬に6日間の日程で開催される。和紙と針金でつ
　くった巨大な灯籠とともに、その周囲では「ラッセーラー」のかけ声で浴衣
　姿のハネトたちが跳びはねる、勇壮で華麗な日本を代表する夏祭りだ。長い
　歴史をかけて現在のようなかたちになってきたけど、元々は灯籠を川や海に
　流す七夕に加え、盂蘭盆会や虫送りなどにもそのルーツがありそうだ。農業
　をする上で、夏に心配なのが害虫なんだけど、この害虫を駆除する目的でお
　こなわれるのが虫送りという行事だよ。東北地方については、こうした「生
　活・文化」に視点をあてながら学んでいくことにしよう。

2. 稲作

⊙まずは、2017年における都道府県別米の生産量について調べてみよう。

＊1位新潟県、2位北海道、3位秋田県、4位山形県、5位茨城県

⊙3位の秋田県や4位の山形県の他、宮城県
　や福島県など、東北各県が上位を占める。
　東北地方は、日本有数の稲作地帯なんだ。
　ところで、米の原産地って、どこか知って
　る？ ⇒中国南部の山岳地帯

⊙中国南部の山岳地帯原産の米、特にジャポ
　ニカ種は、その後、北の地域へ広がり、中
　国などの温帯で栽培された。やがて朝鮮半
　島から日本列島へと稲作が伝わったこと
　は、すでに歴史で学んだよね。青森県田舎
　館村や弘前市には、弥生時代の水田跡遺が
　あるけど、この地域が世界でも最北端の遺
　跡だ。弥生時代に、なぜこうした冷涼な気
　候の中でも稲作ができたのだろうか？ ⇒品
　種改良

都道府県別米の生産量（2017年）

1位	
2位	
3位	
4位	
5位	

⊙温帯のジャポニカ種と熱帯のインディカ種を混植することで、早生（わせ）の品種をつくる改良がおこなわれた。早生によって、東北地方の短い夏でも収穫できるようにしたんだ。その後も品種改良を続け、現在もブランド化された米を作り続けていたね。こうした米を何というの？ ⇒銘柄米（めいがらまい）（ブランド米）

⊙一方で、戦後米の消費量が落ち込み、米が余るようになったため、政府は米の生産量を減らす政策をはじめたけど、この政策を何というの？ ⇒減反政策（げんたん）（生産調整）

⊙ただし、この減反政策、国内の米の競争力を高める目的もあって、2018年に廃止されたんだ。

3.果樹栽培

⊙東北地方は果樹栽培もさかんな地域だね。りんごの生産量1位は何県？ 何％を占めるの？ 栽培の中心は何平野？ ⇒青森県、56.6%（2017年）、津軽平野

⊙以前、羽田空港にこんな自動販売機（右写真）があったけど、何の販売機かわかる？ こうしたカットりんご、最近よく見かけるようになったけど、何だか不思議なことない？
⇒カットりんご、変色しない

⊙りんごは空気にふれると酸化して変色するけど、このカットりんごは変色することなく、賞味期限が加工から10日ほどになっている。保存料や着色料を使用しない、天然由来の特殊な液体につけることで、2週間変色しない。生産者にとっても、カットりんごへの加工にはメリットがある。表面に少し傷はついているけど、味には問題のないようなB級品を加工するそうだ。20kgあたりの単価はジュースの場合400円だったものが、カットりんごの場合はいくらになると思う？ ⇒2,000円

⊙この他、さくらんぼの生産量1位は何県？ 桃の生産量、山梨県に次ぐ2位は何県？ ⇒山形県、福島県

```
┌─ 冷涼な気候 ──────────┐
│                        │
│ 有数の稲作地帯          │
│  →品種改良や銘柄米の栽培 │
│  ＊減反政策は廃止（2018） │
│         ⇓              │
│  ┌─ 果樹栽培 ─────┐    │
│ 青森のりんご           │
│  →津軽平野が中心       │
│  ＊カットりんごなどへの加工│
│         ⇓              │
│  ・山形のさくらんぼ     │
│  ・福島の桃            │
└────────────────────┘
```

58 生活の変化と産業

1．高速交通網

⊙東北地方って、太平洋ベルトからは外れているけど、高速交通網が発達した地域なんだ。まずは授業プリントを配布するので、東北地方の高速交通網を調べてみよう。

＊東北自動車道、東北新幹線、秋田新幹線、山形新幹線などを記入させる授業プリントを準備する。

⊙山陰には新幹線もないし、山陰自動車道だって全通していない。東北地方は高速交通網が発達した地域であることが理解できたんじゃないかな。

2．副業

⊙東北地方は「生活・文化」に視点をあてながら学んでいくんだったね。　東北地方は冷涼な気候なので、北陸と同じように水田単作地帯だ。だから副業として、伝統的工芸品がたくさんあるんだけど、例えばどんなものがあるの？ ⇒会津塗、南部鉄器、天童将棋駒など

＊会津塗や南部鉄器などの写真を提示しながら確認する。

⊙ところで、青森県の小学４年生だった子どもの「なかないで　ほしい」という詩を紹介します。津軽の方言が入っているので、聞き取りにくいかもしれないけど、よく聞いてね。

> なかないで　ほしい
>
> 斉藤　和子
>
> 「おかちゃと、おどちゃのどこさ行ぐ」
> 二階で妹がないていた。
> ちょ金ばこから
> 十円玉をだしながらないた。
> 「東京だぎゃ、遠いんだよ」
> 「汽車でいぐ」
> 「お金もっともっとねばまいねんだ」
> 妹はだまってしまった。
> それから
> 両手で目をこすりながら、ないた。
> シーンとしたへやで
> またないた。
> なきながらいった。
> 「あど、なんぼためればいいんじゃ」
> わたしもなみだがでてきた。
>
> （青森県鰺ヶ沢町立西海小学校　四年）
>
> （中学社会・歴史教科書『ともに学ぶ人間の歴史』
> 学び舎より）

⊙この詩を聞いて、どんな感じがしたかな。お父さんとお母さんがいなくなる、姉妹のさみしさが伝わってきて、何だかやりきれないよね。お父さんとお母

さんはどこへ行くの？　なぜ東京へ行くの？　⇒東京、働くため
- ⊙雪に閉ざされた冬、かつて東北地方の人たちは東京などで働くことも多かった。こういう季節労働を何というの？　どんな仕事に就いていたの？　⇒出かせぎ、建設業など
- ⊙戦後の高度経済成長期、道路やビルなどの建設を担ったのが、こうした東北地方からの出かせぎ労働者たちだった。
- ＊生徒たちは出かせぎがイメージしにくいので、写真を提示しながら説明する。

3. 工業出荷額

- ⊙しかし、1970年代をピークに出かせぎ労働者たちって、どうなったの？　現在は？　⇒減少している、ほとんどいない
- ⊙なぜ出かせぎ労働者たちがいなくなったのかな。それとは対照的に増加しているものは何？　出かせぎ労働者がいなくなるのとは対照的に、東北地方の工業出荷額が増加しているということ、この2つの事象にはどんな関連がありそうかな？　⇒東北地方の工業出荷額、工場の進出にともなって出かせぎの必要がなくなった
- ＊東北地方の工業出荷額と出かせぎ者数の推移の資料を提示し、2つの資料を関連づける。
- ⊙東北地方に工場が進出するようになったんだね。特に工業出荷額が増加しているのは何県？　⇒福島県
- ⊙福島県郡山市には、パナソニックなど、多くの工場が進出している。北関東工業地域について学んだのでわかると思うけど、なぜ郡山市に多くの工場が進出しているの？　⇒高速道路網の発達など
- ⊙最初に調べたように、東北地方は高速道路網が発達していたよね。しかも郡山市は東北地方の南に位置しているので首都圏にも近い。高速道路のIC近くに工業団地を建設すれば、輸送面でのメリットも大きいよね。しかも、これまで出かせぎしていた地域なので労働力も豊富だ。東北地方はこうした環境が整い、近年工業出荷額が増加しているんだよ。

┌─── 冬 の 副 業 ──────────┐
│   │
│ ・伝統的工芸品   │
│ 　 →会津塗や南部鉄器など   │
│ ・関東地方への出かせぎ   │
│ 　 →建設業など   │
│ 　 　 　 ⇓   │
│ ─── 工 業 出 荷 額 の 増 加 ──│
│ 工場の誘致   │
│ 　→高速道路、工業団地、労働力│
│ 　　＊出かせぎの減少 │
│   │
└───────────────────────┘

59 東日本大震災

1. 地震、津波、原発事故

⊙東北地方について学んできたけど、最後に東日本大震災とその後の被災地の
ようすをみんなに伝えておきたい。東日本大震災って、いつ起きたの？ 震
度はいくら？ ⇒2011年3月11日、震度7

⊙地震の規模を表すマグニチュードは9.0、震度7の巨大地震だった。その後
に発生した大きな津波によって、東日本の太平洋岸一帯に甚大な被害をもた
らした。ちなみに津波の高さは最大でどのくらいだったと思う？ ⇒40m以上

⊙陸地の斜面を駆け上がった津波の高さは、岩手県宮古市で40.5m、宮城県女
川町の笠貝島という無人島で43.3mを記録している。さらに追い打ちをか
けたのが、福島第一原子力発電所の事故だ。メルトダウンなどで放出された
放射性物質を伴う事故で、多くの住民たちがふるさとを追われたままだ。

＊震災当時、現在の生徒たちは修学前であるため、震災の記憶は乏しい。可能
であれば、当時のニュース映像などを視聴させたい。ただし、身近に被災者
がいる場合など、配慮を要する。

2. 震災から4年5か月の被災地

⊙この時間は、これまで2度ほど
被災地を訪ねたので、その時の
写真を見ながら考えてもらうこ
とにしよう。まずはプリントを
配布するので、都市名を調べて
みよう。

＊1.盛岡、2.気仙沼、3.仙台、4.
浪江、5.福島

⊙2015年8月、仙台市で開催され
た2つの教育研究会の合間に、
福島県浪江町、飯舘村、福島
市、宮城県気仙沼市、南三陸
町、石巻市を訪ねたので、震
災から4年5か月後の被災地の
写真を見せるね。福島県では原
発事故によって立ち入りが制限

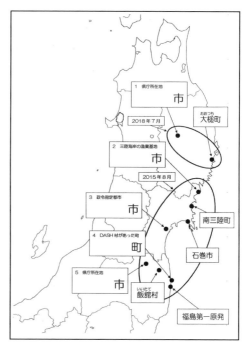

されていたり、食品の放射線量を測定
した上で安全なものを提供したりする
など、放射性物質との戦いが続いてい
ることが垣間見えた。南三陸町では仮
設の商店街ができあがっていて、少し
ずつ前へと動き出しているようすがう
かがえた。

浪江町立請戸小学校

3. 震災から7年4か月の被災地

⊙2018年7月、盛岡市で開催された教育
研究会に参加し、大槌町まで足を伸ば
<small>おおつちちょう</small>
した。大槌町は、町長をはじめ、多く
の町職員が津波の犠牲になったため、
行政機能が麻痺したんだ。震災から7
年4か月が経過したこの頃、大きな議
論になったのが、役場の旧庁舎を保存
するのか、解体するのかということだ
った。震災の遺構として保存し、「後世
に残してほしい」という意見がある一

大槌町役場旧庁舎

方、多くの町職員が亡くなったこの旧庁舎は、「津波の記憶がよみがえるの
で解体してほしい」という要望もあった。訪ねた時には残っていたけど、20
19年に解体された。こうした遺構、どうしたらいいかな。

60 北海道の自然

1. アイヌ語

⊙これからいくつか言葉を紹介するけど、どんな意味か、わかるかな。ノンノって何？ ペッは？ イランカラプテは？ これらの言葉は何語なの？ ⇒花、川、こんにちは、アイヌ語

＊ノンノやペッなどの言葉を、カードにして提示する。

⊙これらの言葉はアイヌ語なんだ。現在の北海道をはじめ、樺太や千島列島などに住んでいた先住民がアイヌだね。ちなみにアイヌというのは、アイヌ語で人間という意味なんだ。

アイヌ語
アイヌ（人間）
ノンノ（花）
ペッ（川）
ワッカ（水）
チセ（家）
コタン（村）
ウタリ（仲間）
イヤイライケレ（ありがとう）
イランカラプテ（こんにちは）

2. 自然

⊙7つの地方の学習の最後に、北海道地方について学ぶけど、まずは地形などについて調べてみよう。

＊オホーツク海、択捉島、日高山脈、石狩平野、十勝平野、根釧台地、札幌市、釧路市などの北海道地方の地形や都市について、授業プリントを配布し、調べさせる。

＊写真を提示しながら、地形や都市について確認していく。

⊙札幌市にある時計台は、現在の北海道大学にあたる旧札幌農学校の演武場だった建物で、当時は兵式訓練や中央講堂として利用されていた。現在は展示室やホールもあり、音楽会や講演会が開かれるなど、市民や観光客に親しまれている。ところでこの展示室、津和野町にゆかりのある人物の展示もあるそうだけど、誰だかわかる？ ⇒高岡直吉

⊙初代の札幌市長を務めた高岡直吉だ。ちなみに弟の高岡熊雄は、北海道帝国大学の総長を務めた。JR津和野駅から津和野大橋方面に伸びる通りのことを何というの？ ⇒高岡通り

⊙この高岡兄弟の生誕地にちなんだのが高岡通りだね。

⊙ところで北海道は、日高山脈を境に東西に分けられるけど、東を何というの？ ⇒道東

⊙西は道西ではなく、さらに3つに地域区分される。北からそれぞれ何という

の？ ⇒道北、道央、道南
- ◎道東には台地が広がるけど、何という台地？ ⇒根釧台地
- ◎十勝平野も平野という名前ではあるけど、標高100〜200mの火山灰土の台地が広がっているんだ。一方、道央には低地である何平野が広がっているの？ ⇒石狩平野

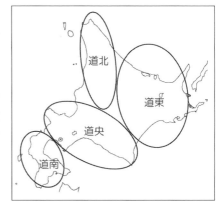

3.気候

- ◎北海道の気候帯は温帯ではなかったよね。何帯なの？ ⇒亜寒帯（冷帯）
- ◎道北や道央では、やはり積雪が多いけど、何という風の影響だった？ ⇒季節風
- ◎一方、道東は海流の影響もあって、かなり低温になるんだ。何という海流？ ⇒親潮（千島海流）
- ◎親潮の影響もあって濃霧も多いし、オホーツク海には1月頃から2月頃にかけてあるものが流れてくるよね。あるものって何？ ⇒流氷

4.松浦武四郎

- ◎最初にいくつかアイヌ語を紹介したね。日本語や英語にはあるけど、アイヌ語にはないものがあるんだ。なんだと思う？ ⇒文字
- ◎江戸時代、蝦夷地（えぞち）を探検し、文字のないアイヌ語を聞き取って記録した人物がいる。松浦武四郎（まつうらたけしろう）という人物だ。松浦はアイヌ語の他、アイヌの風俗などを文字やイラストで記録した。北海道地方は、「歴史的背景」の視点で学んでいくけど、次の時間はまず松浦の姿を通して学んでいくことにしよう。

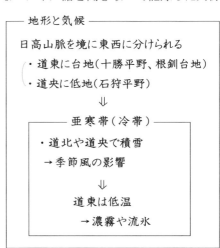

― 地形と気候 ―

日高山脈を境に東西に分けられる

- ・道東に台地（十勝平野、根釧台地）
- ・道央に低地（石狩平野）

⇩

― 亜寒帯（冷帯）―

- ・道北や道央で積雪
- →季節風の影響

⇩

道東は低温

- →濃霧や流氷

61 蝦夷地から北海道へ

1. 蝦夷地

⊙これからいくつか北海道の地名を見せるけど、読めるかな。

＊稚内や網走、厚岸など、北海道の難解な読み方を
　する地名について、カードにして提示する。

⊙北海道には、どうして難解な読み方をする地名が
　多いの？ ⇒アイヌ語に由来するから

⊙こうした地名、アイヌ語に由来するんだ。例えば
　札幌は、乾いた大きな川を意味するサッポロペッ
　に由来するよ。

⊙江戸時代、蝦夷地を探検し、アイヌ語やアイヌの
　風俗などを文字やイラストで記録した人物は誰だ
　った？ ⇒松浦武四郎

⊙松浦はアイヌとの交流の中で、自然の中の多くに
　神が宿っているとするアイヌの姿に深く感銘す
　る。アイヌ語で神のことを何というか、知って
　る？ ⇒カムイ

北海道の地名
稚内（ワッカナイ）
網走（アバシリ）
厚岸（アッケシ）
占冠（シムカップ）
積丹（シャコタン）
留萌（ルモイ）
倶知安（クッチャン）
弟子屈（テシカガ）
和寒（ワッサム）

⊙アイヌにとっては、ひとしずくの水も、森の木々も、さらには動物たちもカ
　ムイだ。例えば、キムンカムイ（山の神）といわれる動物は何だと思う？
　カムイチェプ（神の魚）といわれる魚は何だと思う？ ⇒ヒグマ、鮭

⊙この他にもコタンコロカムイ（村を守る神）といわれるシマフクロウは、ア
　イヌにとっては特別な存在で、聖なる鳥なんだ。こうしたカムイから与えら
　れた大地を何というか、知ってる？ ⇒カイ

⊙アイヌの大地であるカイで、アイヌたちは狩猟や採集など、独自の文化を育
　んできたんだね。

2. 北海道の開拓

⊙北海道の地名について、もう少し学んでみることにしよう。授業プリントの
　都市名を調べてみよう。

＊1. 北広島市、2. 伊達市

⊙北広島市や伊達市は、すんなり読めるね。札幌市に隣接し、札幌市と新千歳
　空港の中間にあるのが北広島市だ。なぜ北広島市という都市名になったの？
　伊達市は？ ⇒広島県出身者が移住した、伊達氏と家臣たちが集団で移住した

⊙ 明治時代、広島県出身者や仙台藩主の分家である伊達氏と家臣たちが移住したことから、こうした都市名になったんだ。この他にも新十津川町ってあるけど、この町の人たち、もともとどこの都道府県から移住してきたかな。地図帳で十津川ってどこにあるか、調べてみよう。

新十津川町

札幌市

1　札幌市に隣接する都市

市

2　内浦湾に面した都市

市

⊙ 奈良県に十津川村があるよね。明治時代、この村で大水害が起き、壊滅的な被害を受けた。その後、生活再建のために人々は集団での移住を決意し、その移住先として北海道を選んだ。この時移住したのは600戸、2,489人にも及ぶ大規模なものだった。

⊙ 明治時代以降、人口が増加した北海道では、未開の原野を切り拓く開拓がおこなわれた。この開拓を担った、現在の北海道庁にあたる役所を何というの？　開拓にあたっては、一般的な移住者とは別に、開拓と防備にあたる人たちがいたけど、この人たちを何というの？　⇒開拓使、屯田兵

⊙ 明治政府は、どこに道を通し、どの土地に町をつくるのかなど、計画的に開拓を進めるため、蝦夷開拓御用 掛 という役職をつくり、この職に松浦を任命した。松浦は、まず蝦夷地の改名に取り組み、1869年に「神々が宿る北のアイヌの大地」という意味で、北加伊道と名付けた。ただ翌年には、開拓使によるアイヌへの厳しい方針に反発し、この職を辞職してしまったんだ。

⊙ ところで、札幌市や旭川市の写真を見て、気づくことない？　⇒碁盤目状の街路になっている

⊙ 計画的な都市づくりは、松浦の蝦夷地に関する豊富な知識と経験が役だったんだろうね。

開拓の歴史

蝦夷地
→アイヌがくらすカイ
＊狩猟採集など、独自の文化
⇓
北海道
開拓使による開拓
→屯田兵や移住者が担う
＊北広島、伊達など
⇓
計画的な都市づくり
→札幌、旭川など

62 開拓の歴史と農業

1. ポテチショック

⊙2017年4月、菓子メーカーのカルビーと湖池屋が、一部のポテトチップスの
　販売を終了したり、休止したりすることが報じられた。いわゆるポテチショ
　ックだ。なぜ販売終了や休止に追い込まれたの？ ⇒前年の台風被害でじゃ
　がいもが不作だったため

＊販売が休止されたカルビ
　ー「ピザポテト」などの
　パッケージを提示する。

⊙2016年8月、北海道に
　は台風が相次いで上陸
　したため、じゃがいも
　が不作となり、出荷量
　が152.1万tと大きく落
　ち込んだ。そもそも熱

北海道産じゃがいもの出荷量

帯で発生する台風、北海道に上陸することが珍しいのに、この年は相次いで
上陸した。地球温暖化の影響を指摘する声もある。なぜ北海道でじゃがいも
が不足すると、ポテチショックが起きるのかな。北海道で生産されるじゃが
いもって何％を占めるの？ ⇒78.6%（2017年）

⊙じゃがいもは、約8割が北海道産だ。しかも南富良野町では空知川が決壊
　したため、約4割の種いもが流された。種いもは病気にかかったものが流通
　しないように管理され、農林水産省の検査に合格したものだけが出荷される。
　涼しい気候でないと栽培できないため、国内で流通する種いものほとんどが
　北海道産だ。つまり、種いもがなければ他産地も栽培できないこともあって、
　ポテチショックが起きるわけだ。私たちのくらしに大きな影響がありそうな
　北海道の農業、開拓の歴史も含めて学んでいこう。

2. 石狩平野の稲作

⊙まずは稲作だ。以前、米の生産量について調べたけど、もう1度確認しよう。
　北海道は何位？ ⇒2位

⊙北海道は、新潟県に次いで2位だ。稲作の産地が、道央に広がる低地だね。
　何平野？ ⇒石狩平野

⊙ただし、石狩平野での稲作にはデメリットもあった。1つは、亜寒帯という

気候だね。北海道でも、これを品種改良で乗り越えた。こうした気候にも関連するけど、もう１つが、土壌そのものの問題だ。低温のため、枯れた植物が分解されないまま炭化する。これが堆積して農業に適さない湿地が広がるけど、こういう土地を何というの？ ⇒泥炭地

⊙石狩平野の開拓農家たちは、素焼きの土管を大量に泥炭地に埋め込み、土管を通して余分な水分を排水した。さらに大規模な排水路を整備することで、石狩平野は稲作地帯へと生まれ変わったんだ。

3. 道東の畑作と酪農

⊙北海道の農業、やはり特徴的なのが、その規模の大きさだ。農家１戸あたりの耕地面積、北海道は何ha？ 北海道の除く都府県は何ha？ ⇒28.9ha（2018年）、2.2ha（2018年）

⊙北海道は、他の都府県の約19倍の広さだね。そんな広い耕地面積の中でも、特に広いのが十勝平野の41.6ha（2017年）だ。北海道では、じゃがいもの他にも生産量が高い割合を占める農産物は多いよね。あずきは何％を占めるの？ いんげんは？ てんさいは？ てんさいって何に使われるかわかる？ ⇒91.9％（2016年）、97.0％（2016年）、100％（2017年）、砂糖

⊙てんさいは、別名で砂糖大根とも言われている。特に十勝平野は、こうした農産物の一大産地で、全国の生産量のうち、いんげんの73.0％（2016年）、あずきの60.6％（2016年）、てんさいの46.5％（2017年）、じゃがいもの31.9％（2016年）が栽培されている。畑作以外にも酪農がさかんで、食品メーカーの明治のチーズブランドは、「明治北海道十勝」だね。

⊙一方、根釧台地では原野を開拓するとともに、国の政策で大規模な酪農を発展させてきた。夏の低温などにより、根釧台地では稲作や畑作などの栽培が難しかったんだ。

```
― 泥炭地 ―――――――――
 石狩平野
 →品種改良や排水路の整備
 ＊有数の米の産地
        ↓
   ― 道東 ――――――――
   ・十勝平野（畑作、酪農）
   →じゃがいも、てんさいなどの
     大規模栽培
   ・根釧台地（酪農）
```

63 外交の歴史と漁業

1. 猿払村の平均所得

⊙突然だけど、1人あたりの平均所得が最
　も高いのは、どこの市区町村だと思
　う？ ⇒東京都港区

⊙2016年のランキングは、東京都港区が
　1位だ。トップテンには、この他にも
　千代田区や渋谷区など、東京23区のう
　ち、7つの区がランクインする。そん
　な中、4位はどこだと思う？ ⇒北海道
　猿払村
　　　さるふつむら
　　猿払村

⊙猿払村がどこにあるか、地図帳で調べ
　てみよう。

⊙猿払村は、宗谷岬に近い、道北の村
　だ。なぜこの猿払村の1人あたりの平
　均所得が高いのか、少し気になるけ

1人あたりの平均所得（2016年）

	都市名	平均所得（円）
1位	東京都港区	11,117,430
2位	東京都千代田区	9,158,591
3位	東京都渋谷区	7,727,922
4位		6,928,215
5位	兵庫県芦屋市	6,320,464
6位	東京都中央区	6,179,073
7位	東京都文京区	5,871,980
8位	東京都目黒区	5,848,758
9位	山梨県忍野村	5,472,384
10位	東京都世田谷区	5,449,736

ど、タネ明かしは後にして、外交の歴史もふまえながら、北海道の漁業につ
いて学んでいこう。

2. ニシン漁

⊙北海道の漁業といえば、江戸時代頃からにぎわっていたのがニシン漁だ。ニ
　シン、食べたことあるかな。ニシンの卵くらいは、食べたことあるんじゃな
　いかな。ニシンの卵って何？ ⇒数の子

⊙かつて北海道では、春になると海岸がニシンの精子で白く染まるほど、ニシ
　ンが押し寄せたそうだ。春の漁で、1年くらせるほどの莫大な富をもたらし
　たのがニシン漁だ。生の状態では日持ちがしないので、干物にした。これが
　身欠きニシンで、本州などでは貴重なタンパク源になった。また、ニシンを
　煮た後、その搾りかすで鰊粕を生産した。この鰊粕、食べるわけではない。
　　　　　　　　　　　　　　にしんかす
　あることに使って重宝されたんだけど、どんなことに使ったと思う？ ⇒肥料

⊙江戸時代、綿花や菜種などの商品作物を栽培する上での肥料として使われた
　んだ。ただニシンの漁獲量は、1897年をピークに、その後は激減する。

＊北前船による日本海交易の話につなげてもおもしろい。

3. 日露関係と北洋漁業

⊙明治時代頃からは、ベーリング海などでの漁業がはじまった。ベーリング海がどこにあるのか、地図帳で探してみよう。

⊙ベーリング海のような遠洋まで出かける漁業のことを何というの？ ベーリング海で操業するということは、どこかの国との関係が気になるけど、どこの国？ ⇒北洋漁業、ロシアやアメリカ

⊙ここではロシアとの関係に注目して学んでいくことにするね。北洋漁業で獲るのは、どんな魚なの？ ⇒タラ、サケ、マス

⊙タラは、特にスケトウダラといわれるもので、あるものの原料になるけど、何かわかる？ ⇒かまぼこ

⊙日本領だった千島列島の周辺を含め、かつて北洋漁業がさかんだった。しかし、アジア・太平洋戦争が終わる頃、千島列島を北から攻めてきた国があった。どこの国だと思う？ ⇒ソ連

⊙ソ連は日本の降伏後も攻撃をやめず、択捉島や国後島などを実効支配した。ソ連解体後、それを引き継いだ、ロシアによる実効支配が現在も続いている。択捉島や国後島などを何というの？ ⇒北方領土

＊2006年のロシア警備艇による日本漁船銃撃事件などについて説明してもよい。

⊙1970年代には、ソ連を含め、各国が排他的経済水域を設定するよね。日本漁船は、ここから締め出されるので、入漁料を支払ったり、漁獲枠を設定されたりしながら、北洋漁業を続けてきた。しかし、少しずつそうした操業条件が悪化してきたこともあって、北海道でも「育てる漁業」にウエイトが置かれるようになった。最初に紹介した猿払村、計画的な稚貝の放流と徹底した資源管理で、現在ホタテの漁獲量が日本一で、村民の多くが高額所得者になっているんだ。

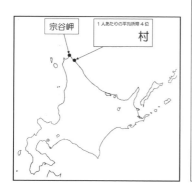

┌ 北海道の漁業 ────────────

江戸時代頃からニシン漁でにぎわう

　→やがて漁獲量が激減

　　　　　⇓

　　　─ 日露関係 ─

明治時代頃から北洋漁業

　→ベーリング海などでのタラ、サケ、マス

　　　　　⇓

戦後、ソ連が北方領土を実効支配

　→やがて排他的経済水域を設定

　　＊操業条件の悪化

64 吉賀町の課題

1.吉賀町ってどんなところ？

⊙これから、みんながくらしている吉賀町について学んでいくけど、吉賀町ってどんなところかな。付箋紙を1人5枚ほど配るので、1つの付箋紙に1つのこと、合計で5つのことを記入してみよう。

⊙付箋紙に記入できたかな。それでは記入したものを持ち寄ってグルーピングしよう。日本の諸地域の学習では、7つの地方を「自然環境」や「他地域との結びつき」など、それぞれの視点で学んできたよね。自分の記入した付箋紙が、どの視点に関わるのかを考えながら、黒板上でグルーピングしてみよう。

*2017年度、対象となった学級の生徒数が9名だったので、黒板上で分類した。学級規模によっては、4人程度のグループで、それぞれがいわゆるKJ法によるグルーピングをする方が望ましい。この時、7つの地方で学んだ視点を加味しなくてもよい。

⊙やはり多かったのは、中国山地や清流高津川などの「豊かな自然」というタイトルでまとめられるグループだったね。20枚以上の付箋紙が、このグループにまとめられた。次に多かったのは、人口が少ない、高齢者が多いといった付箋紙だね。これは「人口・高齢化」というタイトルかな。そして「IC（インターチェンジ）」というタイトルのグループも多かったね。確かに六日市は、島根県ではじめてICができた場所だね。

*この時は、生徒たちと対話しながらグループごとのタイトルを付けたが、4人程度のグループの場合、生徒たちが話し合って、自分たちでタイトルを付けることが望ましい。

2.吉賀町の課題って何？

⊙吉賀町について、みんなの認識がよくわかりました。次に、もう1度付箋紙を配るね。こんどは1枚だけ配るよ。吉賀町が抱えている課題って何かな。この付箋紙に吉賀町の課題を1つだけ記入してみよう。

⊙記入できたかな。それでは付箋紙を1枚ずつ確認するよ。記入したことを発表してごらん。

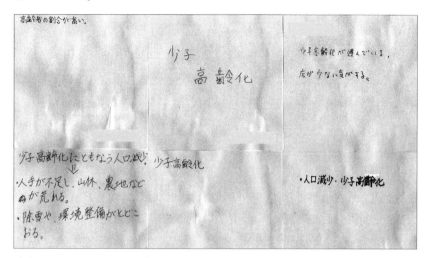

⊙吉賀町の課題は、人口減少や少子高齢化であるという認識で共通しているね。付箋紙の中には、人手不足による山林や農地の荒廃など、具体的なことをまとめたものもあるね。こうした人口減少や少子高齢化という視点で、「吉賀町のこれから」について学んでいくことにしよう。

65　地形図(1)

1.地形図の折り方

⊙「吉賀町のこれから」について学ぶ前に、地形図について学ぶことにするね。
　吉賀町教育委員会から生徒数分の地形図をいただいてきたので、配布します。
　地形図は、大きなままでは使いづらいので、折って使うよ。まずは折り方に
　ついて説明するね。

＊吉賀町や津和野町の教育委員会に依頼し、生徒数分の地形図を無
　償で提供していただいている。かつては25,000分の1の地形図を
　使っていたが、いわゆる「平成の大合併」で広域になったので、
　現在は50,000分の1の地形図を使っている。折り方については、
　長辺を山折りにした後、蛇腹折りにするように指導している。

⊙こうして蛇腹折りにすれば、机上でも見やすいし、保存もしやすいよね。

2.方位

⊙次に方位を確認するね。授業プリ
　ントを配るので、地形図の方
　位について、空欄になっている
　ところを一緒に埋めてみよう。
　地形図は必ず上が何？　下は？
　右は？　左は？　⇒北、南、東、
　西

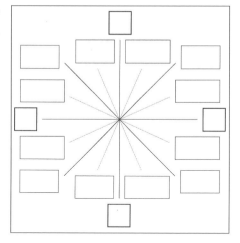

⊙東西南北、これが4方位だね。
　続いて8方位だよ。北と東の中
　間は何？　東と南の中間は？　南
　と西の中間は？　西と北の中間
　は？　⇒北東、南東、南西、北西

⊙東北地方って言い方をするけど、方位は北東だ。8方位の場合、北と南が優
　先されて、東や西よりも先に言うので覚えておいてね。さあ、いよいよ16方
　位だ。北と北東の中間を何というの？　北東と東の中間は？　16方位の言い方
　の原則に気づいた？　⇒北北東、東北東、8方位よりも4方位を優先

⊙8方位よりも4方位を先に言えばいいんだね。16方位の残りの空欄を埋めて
　みよう。

3. 実際の距離

⊙これから実際の距離の求め方について確認するね。まず何を確かめたらいいの？ ⇒縮尺

⊙地形図というのは、実際の土地を1枚の紙に縮小してあるよね。その縮小した割合が縮尺だ。この地形図の縮尺はいくら？ ⇒50,000分の1

⊙地形図については、これからテストでもよく出題されるけど、表記の仕方もいろいろで、25,000分の1とか、1:50,000といったものがある。まずはこの縮尺を確認しようね。

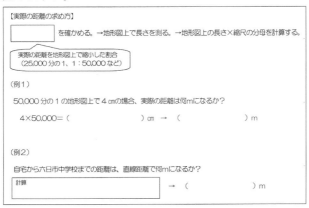

【実際の距離の求め方】

〔　　　　　〕を確かめる。→地形図上で長さを測る。→地形図上の長さ×縮尺の分母を計算する。

実際の距離を地形図上で縮小した割合
（25,000分の1、1：50,000など）

（例1）

50,000分の1の地形図上で4cmの場合、実際の距離は何mになるか？

4×50,000＝（　　　　　　　）cm → （　　　　　　　）m

（例2）

自宅から六日市中学校までの距離は、直線距離で何mになるか？

計算　　　　　　　　　　　　　　 → （　　　　　　　）m

⊙縮尺がわかれば、いよいよ実際の距離の求め方だ。授業プリントの例1を見てごらん。50,000分の1の地形図上で4cmの場合、実際の距離は何mになるかな。実際の距離を50,000分の1にしたものが4cmっていうことは、逆に4cmを50,000倍してやれば、実際の距離が求められるよね。4×50,000はいくらになるの？ 200,000cmって何mなの？ ⇒200,000、2,000m

⊙1mが100cmなので、200,000を100で割れば2,000、つまり2,000mだね。続いて例2だ。自宅と六日市中学校との距離は、直線距離で何mになるかだ。縮尺は50,000分の1だったね。次はどうしたらいいの？ ⇒自宅と六日市中学校の間が地図帳で何cmあるのか計る。

⊙先ほど配った地形図、自宅に赤いペンで○をしよう。続いて、六日市中学校に○をしよう。六日市中学校がわかるかな。地図記号は、「文」だね。それぞれ何mになるか、計算してごらん。

＊六日市中学校の場合、生徒たちはそれぞれの自宅の位置を把握している。それぞれ解答を発表させることで、おおよそ正解かどうかを確認していく。

＊時間が余れば、小中学校と高等学校の地図記号が異なることなど、地形図上で確認していく。

66 地形図(2)

1. 地図記号

⊙吉賀町の地形図を使って学んでいるけど、この時間はさまざまな地図記号について、まずは確認していこう。小中学校を表す地図記号は「文」だったね。高等学校はどうかな。吉賀高校を探してみよう。

⊙○の中に「文」があるよね。これが高等学校を表すんだ。

＊以下、地図記号のカードを提示して、吉賀町の地形図の中から探し、赤いペンで○させる。

⊙吉賀町役場は「○」だね。「◎」は何？ ⇒市役所

⊙津和野警察署六日市駐在所は「×」だね。なぜ「×」なの？ ⇒警棒を交差させた

⊙警察官が身につけている警棒を交差させたかたちなんだ。この地形図の中には津和野警察署もあるけど、警察署はどうかな。探してみよう。

1	文	2	⊗	3	○
4	◎	5	Y	6	×
7	⊗	8	📖	9	⊕
10	〒	11	🏠	12	♨
13	☼	14	⚙	15	鳥居
16	卍	17	城跡	18	△
19	⊡	20	‖	21	∨
22	○	23	Y	24	◠
25	Λ	26	△	27	◇
28	🏛	29	☀	30	風車

1.小中学校、2.高等学校、3.町村役場、4.市役所、5.消防署、6.駐在所・派出所、7.警察署、8.図書館、9.病院、10.郵便局、11.老人ホーム、12.温泉、13.工場、14.発電所・変電所、15.神社、16.寺院、17.城跡、18.三角点、19.水準点、20.田、21.畑、22.果樹園、23.桑畑、24.広葉樹林、25.針葉樹林、26.裁判所、27.税務署、28.博物館、29.灯台、30.風車

⊙○の中に「×」があるよね。これが警察署を表すんだ。

⊙この他、病院、郵便局、発電所、神社、寺院などの地図記号が、吉賀町の地形図の中にあるよ。探してみよう。

⊙郵便局の地図記号、○の中はカタカナを図案化したものだ。このカタカナは何？ なぜ「テ」なの？ ⇒テ、逓信省

⊙郵便事業は、かつて逓信省という役所が管轄していたんだ。この逓信省の

「テ」だね。

⊙吉賀町に発電所があるんだね。この場所、柿木中学校の旧校舎の前を流れる高津川にあるね。ここには小型の水力発電所があるんだ。

⊙吉賀町の地形図の中に、たくさんの地図記号があったけど、この他にも地図記号はあるよ。授業プリントの地図記号を調べてみよう。

⊙消防署は独特のかたちをしているね。このかたち何だと思う？ ⇒刺股（さすまた）

⊙かつて火事の現場で使われたのが刺股だ。職員室の前の壁に、不審者対応のためにかけてあるよね。あれが刺股だよ。

⊙比較的新しい地図記号が、図書館、博物館、風車、老人ホームで、さらに2019年には新しい地図記号が誕生したけど、この地図記号（右図）って何だと思う？ ⇒自然災害伝承碑

2．等高線

⊙続いて、六日市中学校の背後には、六日市のシンボルとなる大岡山があるよね。吉賀町の地形図で、大岡山を赤いペンで〇しよう。

⊙大岡山には、正確な位置を求める測量のための三角点がある。この三角点にある数字はいくら？ この数字は何を示すの？ ⇒896.9、標高

⊙大岡山を含め、山には無数の茶色い線があるよね。この茶色い線を何というの？ 等高線って何？ ⇒等高線、同じ高さの地点を結んだ線

⊙大岡山周辺の等高線を少しなぞってみようか。

⊙50,000分の1の地形図の場合、等高線は何mごとに引かれているの？ ⇒20mごと

⊙50,000分の1が20mごとで、25,000分の1が10mごとに引かれているんだ。等高線と等高線の間隔が狭ければ、どんな斜面になるの？ ⇒急な斜面

⊙等高線と等高線の間隔が狭ければ急な斜面になるし、広ければゆるやかな斜面になるよね。

＊この後、地形図に関する入試問題をピックアップし、1時間ほど演習の時間を設定してもよい。

67 統計から見る吉賀町

1. 人口問題

⊙みんなは、吉賀町の課題について、人口減少や少子高齢化だと認識していたね。その認識が正しいのかどうか、まずは統計から確認しよう。吉賀町の人口、現在どのくらいいるの？ ⇒6,178人（2017年）

⊙高齢者って何歳以上なの？ 高齢化率が何％を超えたら高齢化社会っていうの？ 高齢社会は？ 超高齢社会は？ 吉賀町の高齢化率は何％だと思う？ ⇒65歳以上、7％、14％、21％、44.3％（2017年）

⊙すごい高齢化率だね。1980年の吉賀町の人口、当時は六日市町と柿木村だったので、この旧2町村の合計になるけど、どのくらいだったと思う？ 高齢化率は何％だったと思う？ ⇒9,415人、18.2％

⊙人口も激減してきているし、高齢化率もかなり高くなっているね。この人口減少と高齢化率、この後どうなるかな。国立社会保障・人口問題研究所という組織が、2040年における推測のデータを公表しているんだ。人口はどのくらいだと思う？ 高齢化率は何％だと思う？ ⇒3,906人、51.2％

⊙人口減少や少子高齢化という吉賀町についてのみんなの認識、どうやら正しそうだね。ちなみに高齢化率が51.2％ってことは、人口の半分以上が高齢者になるっていうことだね。以前「限界集落」という言葉を紹介したけど、このままだと2040年には「限界町」になってしまいそうだ。

2. 消滅可能性都市

⊙2014年5月、日本創生会議という組織が、ある試算を公表した。2010年と比較して、2040年には全国の市区町村のうち、約半数にあたる896もの市区町村で20～30歳代の若年女性が半分以上減るというものだ。これにより人口減が加速し、消滅可能性が高いとした。特に人口1万人未満の市区町村では、合計特殊出生率が上昇しても、人口減少が止まらない消滅可能性都市とした。元総務大臣で日本創生会議の座長を務めた増田寛也さんは、その後『地方消滅』という本を出版したけど、そのタイトルも含めて強いインパクトがあった。この本の中には、全国の市区町村のすべてのデータも記されているけど、吉賀町は2010年に460人いた若年女性、2040年には何人になると推測されていると思う？ ⇒156人

⊙66.1％減少し、156人だ。吉賀町も消滅可能性が高く、消滅可能性都市とされている。ちなみに島根県には19の市町村があるけど、若年女性が半分以上減らない、つまり消滅可能性が高くない市町村はいくつあると思う？ ⇒3市町

⊙出雲市、松江市、飯南町の３市町だけで、残りの16市町村はすべて消滅可能性が高いとされた。最も消滅可能性が高い、つまり若年女性減少率が高い市町村はどこだと思う？ ⇒津和野町
⊙隣の津和野町は77.5％も減少し、2040年には若年女性が121人しかいなくなるとされている。

3. 地域が活きるモデル

⊙ただ、この『地方消滅』、若年女性が減少する全体的な流れとは反対に、若年女性が増える、もしくは減少が緩やかな市区町村があることも紹介されている。こうした市区町村を「地域が活きる６モデル」に分類し、人口減少対策のあり方を探って

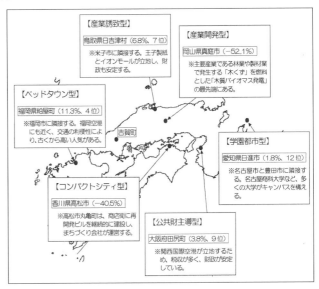

【産業誘致型】
鳥取県日吉津村（6.8％、7位）
※米子市に隣接する。王子製紙とイオンモールが立地し、財政も安定する。

【産業開発型】
岡山県真庭市（−52.1％）
※主要産業である林業や製材業で発生する「木くず」を燃料とした「木質バイオマス発電」の最先端にある。

【ベッドタウン型】
福岡県粕屋町（11.3％、4位）
※福岡市に隣接する。福岡空港にも近く、交通の利便性により、古くから高い人気がある。

吉賀町

【学園都市型】
愛知県日進市（1.8％、12位）
※名古屋市と豊田市に隣接する。名古屋商科大学など、多くの大学がキャンパスを構える。

【コンパクトシティ型】
香川県高松市（−40.5％）
※高松市丸亀町は、商店街に再開発ビルを継続的に建設し、まちづくり会社が運営する。

【公共財主導型】
大阪府田尻町（3.8％、9位）
※関西国際空港が立地するため、税収が多く、財政が安定している。

いるので、いくつか紹介するね。代表的なのが愛知県日進市、大阪府田尻町（たじりちょう）、鳥取県日吉津村（ひえづそん）、岡山県真庭市（まにわし）、香川県高松市、福岡県粕屋町（かすやまち）の６つなんだけど、この６つの市町村のうち、吉賀町のモデルとなりうるものはどこかな。

＊どこか１つの市町村を選択させて、その理由とともに発表させる。吉賀町の現状をふまえた時、おそらく多くの生徒たちは岡山県真庭市を選択するだろう。
⊙次の時間は、その真庭市がどんな地域づくりをしているのか、詳しく学んでいくことにするね。

┌─ 人口問題 ─────────
│ 総人口 6,178人、高齢化率44.3％（2017）
│ → やがて人口3,906人、高齢化率51.2％（2040）
│　　　　　　⇓
│ ──── 消滅可能性都市 ────
│ 若年女性（20〜39歳）
│ → 460人（2010）から156人（2040）へ
│ ＊66.1％減少し、消滅可能性が高い
│　　　　　　⇓
│ 　地域が活きるモデル
│ 　→ 産業開発型（岡山県真庭市）
└──────────────────

68 バイオマスによる地域づくり

1. 里山資本主義

⊙真庭市は「木質バイオマス発電」の最先端にあるんだったよね。バイオマスというのは、生物由来のエネルギーのことで、これを利用した地域づくりを進めているんだ。『地方消滅』について紹介したけど、この本の中の対話篇で紹介されているのが、藻谷浩介さんだ。藻谷さんは、NHK広島取材班とともに『里山資本主義』を著したことでも知られている。「里山資本主義」というのは、生活に必要なもののすべてをお金で買ってくる「マネー資本主義」とは反対に、里山の資源を有効に活用し、できるかぎりお金を地域内で循環させるような持続可能な生き方のことだよ。

⊙商品やサービスを地域外に売って得たお金と、逆に地域外から買って支払ったお金の差額、プラスであれば黒字だし、マイナスであれば赤字だね。この差額を都道府県別に示した時、最も黒字なのはどこの都道府県だと思う？
⇒東京都

⊙東京都の黒字が最も多く、静岡県、大阪府などの都市圏が続く。一方、最も赤字が多いのはどこの都道府県だと思う？ ⇒高知県

⊙高知県の赤字が最も多く、奈良県、島根県、秋田県などが続く。地方ではお金が地域の外に流れていることがわかるね。さらに、最も赤字額が大きい高知県を例に、細目別に確認しよう。農業や漁業などの第一次産業では黒字であることがわかるね。反対に高知県の赤字額を膨らましている細目は何だと思う？ ⇒石油・電気・ガス

⊙石油・電気・ガスといったエネルギー部門への支出が、高知県の赤字額を膨らませているね。これは高知県だけのことではなくて、地方はどこも似たようなものだ。エネルギー部門への支出ということは、そのお金は最終的にどこへ流れるの？ ⇒西アジア

⊙日本は、石油のほとんどを西アジアから輸入していたよね。先ほども説明した通り、「里山資本主義」というのは、こうしたエネルギーを西アジアに依存するのではなく、里山の資源を有効に活用することで、できるだけお金を地域内で循環させるような持続可能な生き方なんだ。その最先端にあるが、真庭市だよ。

2. 岡山県真庭市

⊙2010年現在、真庭市には原木市場が3市場、製材所が30社ほど存在するなど、

古くから林業がさかんな地域だ。市内には西日本最大規模の製材所である銘建工業もある。こうした製材所では、その過程の中で、どうしても樹皮や木片、かんなくずといった「木くず」が出るよね。これまでは使い道がなく、廃棄物だった「木くず」を、バイオマスとして活用する取り組みが、真庭市全域で進められている。こうし

バイオマス利活用による石油代替効果とCO₂削減効果		
バイオマス利用量	▶	約**43,000**t/年
エネルギー投入量	▶	約**596,000**GJ/年
石油代替量	▶	約**16,000**kL/年
CO₂削減効果	▶	約**41,000**t-CO₂/年

バイオマス利活用による経済効果		
バイオマス利用量 約43,000t/年	▶	**5億円**地産 （平均12,000円/tと想定）
石油代替量 約16,000KL/年	▶	**14億円**代替え （重油を90円/Lと想定）

たバイオマスに活用される「木くず」って、石油代替量にして年間16,000klほどあるそうだ。この16,000klという石油代替量、お金に換算するといくらくらいに相当すると思う？ ⇒14億円相当

⦿今まで廃棄物だったものを活用し、しかも西アジアへお金を支払う必要もないんだね。2015年4月には出力10,000kwの真庭バイオマス発電所が完成し、稼働している。この発電所の年間発電量、一般家庭にして約22,000世帯分相当で、約18,000世帯の真庭市全域をまかなえる。ただ、真庭市民の電気料金が無料になるのではなく、現在9,000kwを中国電力に売電し、収入を得ている。また、発電所の稼働によって、管理部門や燃料の輸送などで、約50人もの雇用も確保されているそうだ。

真庭バイオマス発電所

＊真庭市では、定期的に「バイオマスツアー真庭」が開催され、銘建工業や真庭バイオマス発電所などの見学ができる。

```
━ 里山資本主義 ━
里山の資源を活用した持続可能な生き方
　→エネルギーへの支出が赤字をふくらませている
　　　　　　　⇓
　━ 岡山県真庭市 ━
　銘建工業（西日本最大の製材業者）
　　→木くずをバイオマスとして活用
　　＊石油代替量16000kl（14億相当）
　　　　　　⇓
　　バイオマス発電所（2015）
　　→10000kwのうち9000kwを売電
　　＊約50人の雇用を確保
```

69 なぜ吉賀町は「木質バイオマス発電」を導入しないのか？

1. グループでの学び合い

⊙真庭市のバイオマスによる地域づくり、吉賀町のモデルになり得るかな。ちなみに林野率というデータがあって、真庭市の林野率が79.2%なのに対し、吉賀町は何%だと思う？　⇒91.8%

⊙吉賀町の林野率は、島根県内トップの91.8%なので、バイオマスによる地域づくり、できそうな気もするね。しかし、吉賀町役場の林業を担当する方に問い合わせたけど、どうやら吉賀町では、現在のところバイオマス発電の計画はないそうだ。なぜ吉賀町は「木質バイオマス発電」を導入しないのだろうか。1人5枚ずつ付箋紙を配るので、考えられることを記入しよう。

⊙記入できたかな。それではグループになって、意見を出し合おう。

⊙意見を出し合えたかな。それでは、どんな意見が出てきたのか、発表してみよう。

＊生徒たちからは「費用がかかる」、「林業にたずさわる人が少ない」、「建てる土地がない」、「技術がない」といった意見が出された。

2. ゲストティーチャーの話

⊙それでは席を元に戻そう。特別に吉賀町役場の林業を担当する方に来校いただいたので、吉賀町が「木質バイオマス発電」を導入しない理由も含めて話していただこう。

＊ゲストティーチャーを依頼した林業担当者には、前時から生徒たちの学習のようすをご覧いただいた上で、吉賀町におけるバイオマスの現状や林業の実態などについて、直接語っていただいた。指摘されたのは、高額な建設費用や燃料調達の難しさなどであった。吉賀町は林野率が高いにもかかわらず、これまで林業従事者が多くなかった。したがって、現在町内の公共施設で使用されるバイオマスボイラやペレットストーブの燃料は、町外から調達しているとのことである。ただ今後、山から木を切り出したり、その木を加工したりする人を増やすために、林業従事者育成事業にも取り組んでいること、さらには「町内外の方々が山に親しむ機会を増やしたい」との思いなど、熱く語っていただいた。

3. 生徒の感想 （2016年度）

◎吉賀町を含めて、多くの地方が消滅
してしまう危機を迎えているという
ことを知り、とても驚きました。吉
賀町でバイオマス発電をすることは
難しいですが、バイオマス発電その
ものは、とてもいい方法だと思いま
す。真庭市の取り組みを参考にする
ことも大切だと思いました。これか

ら吉賀町で少子高齢化がますます進み、人口が今の半分くらいになってしま
うことは、とても悲しいことだと思うので、私自身も「吉賀町のこれから」
について考えながら、町でおこなわれるいろいろな取り組みにも興味をもっ
ていきたいです。

◎吉賀町の総人口が、2040年には3669人になるという予測があることを聞いて、
びっくりしました。真庭市のように、吉賀町もバイオマスを利用して地域づ
くりをすればいいと思いましたが、吉賀町にはそういう計画があまりありま
せんでした。しかし、バイオマス発電所が津和野町にできるということを聞
いて、なぜかホッとしました。糟谷さんの話から、バイオマス発電のために、
木を多く伐採することで木がなくなり、やがてバイオマス発電ができなくな
る可能性があることもわかりました。今の吉賀町が2040年には人口が増えて
いたら、とてもうれしいです。吉賀町の発展にもつながるはずです。吉賀町
はこれからたいへんになってくるので、もしボランティア等の機会があれば
参加できたらいいと思います。林業に関わる人がこの吉賀町で増えてくれた
ら、吉賀町ももしかしたらバイオマス発電ができるかもしれないということ
がわかりました。吉賀町がこれから発展できるように、中学生もがんばらな
いといけないかもしれないですね。

◎最近は、資源の問題、山が荒れる、雇用が少ない等、たくさんの問題があり
ます。バイオマスは、それを解消につなげることができるので、すごいなと
思いました。普段何気なく過ごし、これからも「ふるさと」としてあるもの
だと思っていた吉賀町の危機について、あらためて知り、考えることができ
ました。消滅の危機を乗り越えるためには、私たちも深く考える必要がある
なと思いました。これから自分が、吉賀町とどう向かい合って生きていくべ
きかを考えさせられました。

◎吉賀町には、まだまだ希望があると思います。確かに資料をみれば、2040年

の予測で、若年女性は減り、町全体が限界集落化していきそうです。しかし、真庭市の話を聞くかぎりにおいては、吉賀町にもできそうなことばかりがありました。バイオマスはこれからの生活に必要になってきますし、うまくいけば人口も増えるのではないでしょうか。しかし最近、伐採された部分に植林があまりできていないような山の光景を見ることがあります。今の吉賀町はとても深刻な状況なので、さまざまな視点に目を向けていかなければ、たいへんなことになると思います。

◎バイオマス発電のことを学んで、「吉賀町でもこの発電をすればいいじゃん」と思いました。しかし、現実はそんなに簡単じゃないんだなと思いました。新しくバイオマス発電所を建設することが面倒なのかとも考えましたが、そうではないことを知りました。吉賀町としても、林業への対策等、いろいろ取り組んでいるけど、まだまだ十分ではないのが現状なんじゃないかと、糟谷さんの話を聞いて思いました。林業を活性化させるには、もっと町民が林業のことを知る必要があるんだと思います。そしてこれからは、僕たちの世代も、自分たちの町のことに関心をもっていかないといけないと思いました。

4. 生徒の感想（2017年度）

◎今回の授業を通して、なぜ吉賀町ではバイオマス発電をしないのか、と思いました。どうしてそのように思ったかというと、まず吉賀町の林野率が91.8％という事実があります。それだけの林野率があれば、間伐によって出てくる、これまでだったら「捨てる」もしくは「山に放置する」だけだった木も、結構な量になるはずです。これまで利用してこなかった木を利用することは、とてもエコロジーだと思います。仮にバイオマス発電をしたら、吉賀町内で使用する電力の相当な部分を補えるはずです。実際に岡山県真庭市では、新たに稼働したバイオマス発電所によって10,000kwもの電力が作られていて、そのうち9,000kwは中国電力に売電しているそうです。バイオマス発電所を建設するのに費用がかかっても、その後の売電収入によって充分補えるのではないでしょうか。木の伐採によって地球温暖化が進んでしまうと考える人もいるかもしれませんが、バイオマス発電は不必要な木を燃料に発電しているので、地球温暖化が進むことはないと思います。石油などの化石燃料を使用して発電する方が、はるかに地球温暖化が進みます。今後、バイオマス発電が主流になっていったらいいなあと思いました。

◎授業を通して感じたことは、吉賀町も岡山県真庭市のように、バイオマス発

電を導入すればいいのになあということです。しかし、吉賀町では燃料調達の難しさなどから、バイオマス発電を導入する計画はありませんでした。林業に関わる人が少ないことなどから燃料調達が難しいようですが、そうであるのならば林業を担うような人をもっと増やせないものかと考えました。ただ吉賀町は、年々人口が減り続けていて、2013年に6485人いた人口が、2040年には3906人になるという予測も出ています。また、高齢化率についても、2040年には50％を超えるとの予測もあり、深刻な状況です。そうならないためにも、若い人たちを増やすためにどうしたらいいのでしょうか。吉賀町をもっとPRしたり、吉賀高校がもっと魅力的な学校になったりしたら、若い人たちも集まるような気もします。吉賀町のよさは、山があり、川がきれいな自然の豊かさです。こうしたよさを生かして、地域の発展をめざしていけたらいいなと思いました。

◎社会科の授業で、吉賀町の課題である「人口問題」について学びました。資料などを通して、若い人たちが流出した結果、高齢者の割合が増えたり、人口が減ったりしていることが、あらためてわかりました。こうした現象は、吉賀町だけではなく、他の地方でも大きな課題であることも知りました。私自身も将来は吉賀町以外の場所でくらすことを考えています。なぜなら、職種が少なく、自分のやりたいことができないと思ったからです。しかし、地方の中には、若年女性が増えたり、増えないまでも先進的な取り組みをしていたりする地域があることを知りました。そのモデルの１つである、岡山県真庭市の取り組みについて詳しく学びました。真庭市は、「木くず」をバイオマスとして活用した、バイオマス発電所があります。10,000kwのうち、9,000kwを売電し、利益を得ているそうです。この木質バイオマス発電は、再生可能エネルギーのため、環境に優しいことも知りました。吉賀町でも同じようなことができないものかと思いましたが、燃料調達や人材不足のため、現在のところその計画はないそうです。人口減少対策として、私は大手企業を誘致して財政を安定させることがよいと考えていました。しかし、友達の意見の中には、高速道路があり、広島市や山口市まで１時間ほどで行けるので、ベッドタウンとして発展させるのはどうか、というものがありました。確かに、企業を誘致するよりは、人が集まるような気がしました。授業を通して、あらためて吉賀町の課題に気づきました。そして、吉賀町のよさにも気づくことができました。もっと吉賀町のよさについて知りたいとも思いました。

◎私の住んでいる吉賀町は、圧倒的に年配のおじいちゃんやおばあちゃんが多

くて、若い人はあまりいません。人口も約6,500人と少ないです。そんな吉賀町が、2040年には、人口が今の半分くらいの3,906人、高齢化率が51.2%になるとの予測があることを授業で知り、少しがっかりしました。2040年、若年女性は156人になると予測され、吉賀町は消滅可能性が高いそうです。しかし、そんな吉賀町を救うことができるかもしれない「地域が活きるモデル」の１つが、岡山県真庭市の取り組みであることを知りました。真庭市は、林野率が吉賀町よりも低いのに、林業や製材業で発生する「木くず」を燃料とした木質バイオマス発電の最先端にあるのです。私も吉賀町は木質バイオマス発電を導入すべきだと思いましたが、林業に従事している人たちの高齢化などでできないことがわかりました。この話を聞いて、吉賀町が2040年あたりに、最悪の場合なくなっているかもしれないと心配になりました。私自身、2040年に吉賀町にいない可能性だってありますが、木質バイオマス発電ではないにしろ、地域にある里山の資源を活用して、人材などの問題もふまえた上で、何か新しい事業をはじめた方がいいのではないかと思いました。その事業で、吉賀町ならではの生き方を示し、ＩターンやＵターンする人が増えて、人口減少を少しでも抑えることができたらいいと思います。

◎吉賀町についての授業を通して、大人の方たちがたくさん努力してきたことがよくわかりました。吉賀町の人口は、約20年後には今の半分くらいに減っていて、高齢化率も２人に１人がお年寄りという状況になると知り、「やっぱりな」という感じがしました。また、こうしたことは吉賀町だけのことではなく、全国で今後消滅してしまうかもしれない都市が多くなっていると聞き、今後の日本が心配になりました。しかし、そんな事態にならないように、大人たちが様々な策を練っていることがわかり、とても驚きました。産業誘致を進める鳥取県日吉津村やベッドタウンとして発展する福岡県粕屋町は、それぞれの取り組みで若年女性が増えていることがわかりました。特に印象に残ったのは、岡山県真庭市での取り組みです。真庭市では林野率79%であることを活かして、「木くず」を使ったバイオマス発電所を建設していました。発電した電気は、市全体をまかなえる量で、石油に換算すると14億円相当になるそうで、地球にもやさしく、エコだなあと思いました。吉賀町は、真庭市よりも林野率が高いので、同じようにバイオマス発電を導入すればいいのになあと思っていましたが、導入する計画がないことを知りました。真庭市のように林業がさかんではないために「木くず」が出なかったり、林業に従事する人そのものが少なかったりするからというのが理由でした。同じような理由で、邑南町でも木質バイオマス発電の導入を断念したということ

を聞いて、新しいことに挑戦することはたいへんなんだなあと気づきました。また、「町を何とかしよう！」という思いをもっている人がたくさんいることを、あらためて知りました。20年後には、今度は私たちが地元を変えられる大人になりたいです。

◎吉賀町の学習を通して感じたことは、その地域に合った地域づくりが大切だということです。授業の中で紹介された香川県高松市は商店街を活用して町を盛り上げていましたし、福岡県粕屋町は交通の利便性をもとに地域づくりをしていました。特に私たちが住んでいる吉賀町と似ていると思ったのが、岡山県真庭市です。真庭市では「木くず」を利用して木質バイオマス発電をしていましたが、このことにたいへん驚きました。友だちの多くは、吉賀町も木質バイオマス発電を導入した方がいいと言っていました。しかし私は、やはり地域に合った地域づくりが必要だと考えています。確かに山に囲まれた吉賀町でできそうな気もしますが、建設費用も大きく、仮に建設されたとしても働く人も多くないような気がします。吉賀町は水がきれいで、野菜もおいしいので、それを活用した地域づくりをしていくことの方が大切なのではないかと思います。そして何よりも、将来私たちが吉賀町に戻ってきて、吉賀町を盛り上げていくようにならなければいけないと思いました。授業の中で紹介された『里山資本主義』や『地方消滅』についても読んでみて、今後の参考にしたいです。

◎授業を通して、2040年の吉賀町について、たくさん考えることができました。2040年の吉賀町には、人口が3906人しかいなくなってしまうという予測があります。さらに若年女性は、わずか156人になってしまうとのことでした。高齢者についても50％を超え、吉賀町全体が「限界集落」化していきそうです。このままでは、いつか私のふるさとが消えてしまいます。このように消滅可能性が指摘されている地域は、他にもたくさんあります。だから私たちは、どうしたらふるさと吉賀町を守れるのか、話し合ってみました。吉賀町は林野率91％を超えるほどの森林資源に満ちているのに、それをあまり活かしていません。どうすれば自然を活かして、吉賀町を活性化できるのかを考えました。そこで実際に林業で成功した、岡山県真庭市の木質バイオマス発電に注目しました。真庭市も中国山地に位置しており、林野率78％を超える地域です。ここでは林業がさかんなことを活かして、木片や樹皮などの「木くず」を燃料に、木質バイオマス発電を導入しています。ここでのバイオマス利用は、石油換算にして14億円相当になるそうです。さらに二酸化炭素も削減できる上、こうした取り組みに共感して市外から移り住んだ人も多く、

そうした人も含め、50人もの雇用を生み出したそうです。周囲を山に囲まれた吉賀町もこの方法を取り入れられれば、地域経済は潤い、真庭市のように雇用も増えるかもしれません。こうした経済の好循環を福祉などに還元できれば、それに魅力を感じた人が吉賀町に移り住むという流れができるかもしれません。この流れができた場合、私のふるさとは消滅するどころか、活性化するはずです。だからこの流れをつくれる吉賀町に変えていくことが、今の私たちの役割だと思います。

◎吉賀町の学習をふりかえって感じたことが2つあります。1つ目は、2040年に人口が3,906人になるという予測があることに、ビックリしたことです。なぜなら今でも人が少ないのに、これ以上少なくなると、吉賀町はどうなるのだろうかと思いました。2040年には若年女性が156人という予測もあり、子どもが生まれないから、年々人口が減っていることもわかりました。さらに驚いたことは、高齢化率が51.2%になるということです。吉賀町の人口の2人に1人が、おじいちゃんやおばあちゃんになるということは、介護などがとてもたいへんになるということだと思います。2つ目は、岡山県真庭市では木質バイオマスを使って市を活性化させていましたが、とてもいいことだと思いました。しかし吉賀町は、バイオマスで使う燃料を安定的に集めることが難しいということがわかりました。今でも林業に就く人が少なくなっているので、たいへんだなあと思いました。しかし努力次第で、林業がさかんになるとも思いました。木質バイオマスを使った地域づくりに賛同する人を集めるような取り組みも必要だと思いました。そうすることで、林業に就こうとする人も増えるような気がします。吉賀町は、真庭市を上回る92.1%もの林野率なので、これは吉賀町を活性化させるチャンスだと思います。吉賀町の明るい未来に、チェンジ・アンド・チャレンジです。

◎吉賀町の未来について考える中で、吉賀町の課題だけではなく、もっとよくなりそうなところや魅力的なところ、他の人に知ってほしいところなどに気づきました。そして、吉賀町について、深く考えることがありました。人口減少については、未来では今の人口の半分くらいになっていて、高齢化率も高くなっていることがわかりました。私たちのような若者が、吉賀町から出て行ってしまうことが原因で、私も将来吉賀町にいるのかどうか、わかりません。このままでいると、吉賀町は消滅の可能性が高まっていくばかりだと思います。吉賀町のような課題を抱えている町は、全国にもたくさんありますが、どうしたらいいんだろうと思いました。授業の中で岡山県真庭市での木質バイオマスを活用した取り組みを知って、吉賀町もこの山々を活かして、

バイオマス発電をすればいいと思いました。しかし、人材不足などの理由で、その計画はありませんでした。ただ、私は真庭市と同じように取り組むべきだと思いました。勝手な想像だけど、授業の中で紹介された鳥取県日吉津村や福岡県粕屋町、そして真庭市での取り組みを合わせたら、絶対に人は集まるし、吉賀町も潤うのではないかと思いました。こうして口で言うことは簡単ですが、こういうことを実行に移すことは難しいことだと思います。しかし、吉賀町が消滅しないために、たくさんの意見を出し合って考えることが大切だと思います。この授業を通して、友達の意見もたくさん聞けたし、全国の先進的な取り組みの話も聞けました。将来、吉賀町に帰ってくるという選択肢もあるかなと思いましたし、吉賀町のことを深く考えることができてよかったです。私たちは、給食費や医療費など、吉賀町に住むことで恩恵をたくさん受けています。吉賀町のことを、もっと他の人に知ってほしいです。

5. 生徒の感想（2019年度）

＊転勤した津和野中学校でも同様の授業を実践した。津和野町は2022年４月の稼働をめざし、木質バイオマス発電所の新設が計画されている。ただし、出力480kwと小規模なので、「なぜ津和野町の『木質バイオマス発電』は小規模なのか？」という課題を追究させた。

◎津和野のことについて２時間ほど学んで、津和野への見方が変わりました。この授業の前までは、津和野は何もない田舎で、全然いいところはないと思っていました。だけど、今は違います。津和野はバイオマス発電に最も取り組みやすい環境にありました。津和野にはたくさんの山がありますが、そこにある木が資源となり、バイオマス発電に利用できます。これまでの日本は、資源である石油を輸入することばかりだったので、なかなかバイオマス発電が普及していません。そして津和野は、これまでたくさんの問題を抱えていました。例えば、若年女性の減少率や高齢化率が高いなどの問題です。でもこの問題は、津和野にバイオマス発電所ができることで、少しずつ解決につながっていくような気がします。津和野にこうした施設ができることで、県内外から津和野に人が集まってくると思うからです。だから僕は、津和野にバイオマス発電所が必要だと思いました。

◎津和野の人口が数年後に予想以上に減っていたので驚きました。高齢化率が高く、若者が町から出て行ってしまうというのも問題だと思いました。仕事をする場がないので、若者が出て行ってしまうのだと思いました。津和野の地域づくりのモデルになりそうな真庭市は、とても環境が似ていました。バ

イオマス発電は、木を植えていけばずっと発電できるし、地球にも優しいのでよいと思いました。津和野でもすでにバイオマス発電を進めていたというのが驚きでした。仕事も増えて、いい取り組みだと思います。ただ、予算や発電所の管理がたいへんだと思いました。将来津和野から出ていくことになるかなと思っていましたが、この学習を通してなるべく津和野でくらしていきたいと思うようになりました。

◎津和野町の現状を学んで、人口減少や少子高齢化などの課題について、岡山県真庭市での取り組みが参考になることを知りました。バイオマスについて考える時間ができて、改めて津和野町の課題に向き合うことができたと思います。まずは人口減少について、やはり津和野町は目に見えるレベルで人口が減ってきていることがわかりました。それに伴って若い人たちがいなくなっていったこともわかりました。こうしたことは何となくわかっていたことだけど、改めてグラフなどで見ると、現実を突きつけられた気がしました。バイオマスについて、津和野町の参考になりそうな真庭市の様子を聞いた時、これなら津和野町にもできると思いました。しかし、津和野ではそこまで林業がさかんとは言えないし、どうするのかなとは思いました。津和野でもバイオマス発電をしようとしていることを知って、驚きました。しかもこの発電方法なら、津和野町に無駄な負担をかけないでできるかなと思いました。

◎これから津和野はすごく人口が減るということがわかりました。大人になったら大阪に出たいと思っているけど、将来若年女性がすごく減ると聞いたので、岡山県真庭市のような木質バイオマス発電などで、どんどん人を集めてほしいと思いました。地域が活きるモデルのうち、津和野町の参考になるのは、イオンモールのある鳥取県日吉津村がいいと思ったけど、みんなの意見を聞いて、確かに津和野は木もたくさんあって岡山県真庭市の取り組みが参考になると思いました。しかも津和野は消滅可能性都市なので、今でも人口が少ないのに、10年後、20年後になったら、もっと人口が減るとなると、自分のふるさとがなくなってしまうと思いました。しっかり若者を集めないといけないから、改めて津和野は、真庭市のような取り組みをどんどん進めてほしいと思いました。

◎まず津和野町の課題を出し合いました。すると少子高齢化や店が少ない、緑ばっかりといった課題がみんなから出てきました。次の時間に示されたデータでは、やはり人口の減少はもちろん、高齢化も進み、高齢化率は2015年に45.3%にも及んでいました。しかし、いちばん衝撃を受けたのは、20〜39歳までの若年女性が減るということでした。つまり、それと同時に子どもが減

少するということに驚きました。若年女性は、2010年に536人だったのが、2040年には121人になるとの予測がありました。ちなみにクラスでは7人の女子全員が「津和野には残らない」と授業のはじめに言っていたので、この予測は当たっているだろうと思いました。その後、地域が活きるモデルというのを学びました。その中で、最も津和野ができそうな取り組みをしていたのが岡山県真庭市でした。真庭市は、なんと木くずを燃料にして発電などをしていました。燃料と言えば石油だと思っていましたが、木くずを燃料にしていることに驚きました。石油は一度使用すると、元には戻りません。それに比べて、木くずは木を植えて育てることができます。もっとすごいことは、木が酸素を出してくれることです。燃焼させた時に二酸化炭素を出したとしても、酸素を生み出してくれる燃料なので、地球温暖化には影響しないとされています。これまで捨てられていた木くずも、木質バイオマス燃料として活用されています。この燃料での年間発電量は、一般家庭22,000世帯分となり、真庭市の全世帯をまかなえる計算です。私は木質バイオマス発電を広げていってほしいと思います。ただ1つ心配なことは、本当に緑がなくならないのかということです。しかし、エネルギーなしでは生活ができない私たちは、エネルギーを必要な分だけ使用することもしていかなくてはならないと思います。津和野も未来が広がっていっていると思います。授業を通して、私は少し津和野に残ってもいいかなと思えるようになりました。

◎まず「統計から見る津和野町」というテーマで学びました。最初に驚いたことは、津和野の人口が、2015年に7,653人、高齢化率45.3％で、このまま進むと、2040年には人口3,958人、高齢化率52.8％になるとの予測がありました。この様子から、意外と多く減ってしまうのだなと思いました。でも岡山県真庭市の「産業開発型」を参考にすれば、可能性があるのではないかと思いました。また、「バイオマスの活用」についても考えました。これまで木くずは使い道がなく、廃棄するものでしたが、生物資源（バイオマス）燃料として活用でき、環境にも優しいものです。石油をバイオマスとして代用したところ、14億円相当もカットできたとのことでした。このような取り組みを津和野でもすればいいと思いました。この授業は、人口問題や環境問題などについて、様々な視点から考えさせられ、結構楽しかったです。

あとがき

　四季折々に表情を見せる山、そこから注ぐ澄んだ川、そして、その水で育まれた稲の波。これらは私の家から見える、私が最も愛する景色だ。でも、30年後、50年後にもこの故郷の美しい景色を見ることができるだろうか。

　高校３年生になり、目先の進路だけでなく、自分の人生についても考えるようになった。その中で、私が暮らす町の未来についても深く考えるようになった。進学を希望する私は今春、生まれ育った吉賀町を出て行く。将来的にはいつか吉賀町に戻りたいと考えているが、その時町はどうなっているのだろうか。

　私が住む集落で現在未成年者は私だけだ。あと30年もすれば集落は空き家だらけになり、田畑も荒れ放題になってしまうだろう。やがて集落、町は消えていくかもしれない。そうして、私の大好きな景色が失われていくことは本当に悲しい。

　私はこれから得ていく新たな知識と経験を、地域貢献の糧としていきたい。進学が待ち受ける今年は、その第一歩となる年にしていきたい。

　この文章は、2020年１月11日の『山陰中央新報』において、児童・生徒・学生向け投稿欄「ヤングこだま」に掲載されたものである。まとめたのは、島根県立吉賀（よしか）高等学校の３年生で、吉賀町立六日市中学校に赴任した2015年４月からの２年間、卒業するまで担任した生徒だ。この学年は、70年に及ぶ六日市中学校の歴史の中で、最少となる９名しか生徒がいなかったが、日々の学校生活は和気藹々（あいあい）としたもので、いつも笑顔に包まれていた。実はこの時はじめて教材化したのが、「地域の在り方」の中で紹介した、里山（さとやま）資本主義の視点で吉賀町のこれからについてとらえた実践である。生徒たちが指摘したように、吉賀町を含め、地方の喫緊の課題は、やはり人口問題だ。これまでもこうした人口問題について扱ってきたが、どうしても未来に明るい展望が描けないままの授業になりがちだった。しかし、里山資本主義の視点で吉賀町のこれからをとらえようとした時、生徒たちはふるさとの未来だけではなく、「どう生きるか？」という問いにも思いをめぐらせる姿があった。授業の中で扱ったのは人

口問題であるが、このさらに底流には、もっと根源的な問いがあるだろう。私たちが社会科の中で問わなければならないのは、「幸せとは？」あるいは「豊かさとは？」といった、生き方に関わる問いであることに、授業を通して気づかされた。この生徒は、地元の吉賀高校に進学し、地域をフィールドに、さらに深く問い続けた。そうした学びが、卒業にあたって「私はこれから得ていく新たな知識と経験を、地域貢献の糧としていきたい。」との決意表明につながったのであろう。この文章を読んでいて、やはり学びは「教科書を教える」だけでは意味がなく、グローバルな視点とともに、生徒たちが生活する地域を含めたローカルな視点が重要であることを確信した。こうした深い学びが成り立つように、これからも生徒たちや教材と、誠実に向き合っていきたいとの思いを、さらに強くすることができた。

　最後になったが、公民編に続き、本書の執筆を依頼くださった塚原義暁さんには、ポジティブな励ましの言葉に加え、示唆に富む提案をたくさんいただいた。末筆ながら感謝申し上げたい。

山本　悦生（やまもと　えつお）

1970年2月、島根県に生まれる
島根県の公立中学校教諭
2019年4月から津和野町立津和野中学校に勤務

〔著　書〕
『アウトプットする公民の授業』（地歴社）2020年

アウトプットする地理の授業
—— 島根からの提案／展開・資料・板書

2020年10月3日初版第1刷発行

著　者　山　本　悦　生

発行所　地 歴 社　　東京都文京区湯島2-32-6（〒113-0034）
　　　　　　　　　　Tel03（5688）6866／Fax03（5688）6867

製本所／坂田製本　　　　ISBN978-4-88527-239-4 C0037

◎地歴社の本   (本体価格)

アウトプットする公民の授業　展開・資料・板書　山本悦生　2200円

活動する地理の授業①　シナリオ・プリント・方法　　田中龍彦　2300円

新・世界地理授業プリント　加藤好一　　　　　　　　　　　2000円

新・日本地理授業プリント　加藤好一　　　　　　　　　　　2500円

学びあう社会科授業〔上中下〕　加藤好一　　　　　　　　各2000円

やってみました地図活用授業　小学校から高校まで　加藤好一＋ゆい　1200円

地理授業シナリオ〔上〕謎解きプリント付き　春名政弘　　　2500円

新・モノでまなぶ世界地理／日本地理　小田忠市郎　　　　各2000円

中学校の地理30テーマ＋地域学習の新展開　大谷猛夫＋春名政弘　2000円

〔授業中継〕最新世界の地理　国際感覚を育てる楽しい授業　川島孝郎　700円

日本の産業と地域再発見〔上〕工業と環境はどう変わったか　豊田薫　2500円

日本の産業と地域再発見〔中〕第三次産業と暮らしはどう変わったか　2500円

日本の産業と地域再発見〔下〕農林水産業と食生活はどう変わったか　2500円

討論する歴史の授業①〜⑤　シナリオ・プリント・方法　田中龍彦　各2300円

探究を生む歴史の授業〔上下〕プリント・資料付き　加藤好一　各2300円

歴史授業プリント〔上下〕生徒をつかむ　加藤好一　　　　各2000円

歴史授業シナリオ〔上下〕"愛情たっプリント"付き　白鳥晃司　各2500円

新・歴史の授業と板書　大野一夫　　　　　　　　　　　　　2000円

日本史授業シナリオ〔上下〕　わかる板書付き　河名勉　　　2500円

新・日本史授業プリント　付・ビデオ学習と話し合い授業　松村啓一　2600円

資料で学ぶ日本史120時間　小松克己・大野一夫・鬼頭明成ほか　2500円

〔授業中継〕エピソードでまなぶ日本の歴史①②③　松井秀明　各2200円

エピソードで語る日本文化史〔上下〕　松井秀明　　　　　各2000円

新・公民の授業80時間　子ども・教材研究・資料と扱い方　大野一夫　2000円

新・公民授業プリント　加藤好一　　　　　　　　　　　　　2500円